新时代安全教育项目化教程

主 编：王小辉

北京理工大学出版社
BEIJING INSTITUTE OF TECHNOLOGY PRESS

版权专有　侵权必究

图书在版编目(CIP)数据

新时代安全教育项目化教程 / 王小辉主编. -- 北京：北京理工大学出版社, 2024.6.
ISBN 978-7-5763-4154-6

Ⅰ.G641

中国国家版本馆 CIP 数据核字第 2024QX8026 号

责任编辑：赵　岩	文案编辑：赵　岩	
责任校对：周瑞红	责任印制：李志强	

出版发行 / 北京理工大学出版社有限责任公司
社　　址 / 北京市丰台区四合庄路 6 号
邮　　编 / 100070
电　　话 /（010）68914026（教材售后服务热线）
　　　　　（010）68944437（课件资源服务热线）
网　　址 / http://www.bitpress.com.cn

版 印 次 / 2024 年 6 月第 1 版第 1 次印刷
印　　刷 / 唐山富达印务有限公司
开　　本 / 787 mm×1092 mm　1/16
印　　张 / 15.75
字　　数 / 312 千字
定　　价 / 87.00 元

图书出现印装质量问题，请拨打售后服务热线，负责调换

前 言

在党和国家的坚强领导下，我国各项事业取得了举世瞩目的成就。党的二十大明确指出，要全面贯彻党的教育方针，落实立德树人的根本任务，培养德智体美劳全面发展的社会主义建设者和接班人。在此背景下，本教材应运而生，旨在通过系统的安全教育，为大学生提供全方位的安全保障知识和技能，帮助他们成长为具备高度责任感和安全意识的新时代青年。

本教材紧密围绕党的二十大精神，将思想政治教育融入安全教育之中，教材不仅传授知识技能，更注重培养学生正确的价值观和社会责任感。

本教材采用了项目引领、任务驱动的编写模式，每一个项目都紧密贴合大学生的实际生活和学习场景。每个项目都包含了若干具体的工作任务，这些任务既富有挑战性又具有实践意义，能够激发学生的学习兴趣和积极性。例如，"人身安全篇"中的工作任务3.2，让学生策划并举办校园反欺凌与暴力防治活动，这不仅有助于提升学生的组织协调能力，还能使他们在实践中深刻理解如何有效预防校园暴力事件的发生。

为了使安全教育更加贴近实际，本教材精选了一系列近年来发生的真实案例作为教学素材。这些案例涵盖了从国家安全层面到个体生活中可能遇到的各种安全要求。通过对这些案例的分析与讨论，学生可以直观地认识到忽视安全可能导致的严重后果，从而提高他们的安全警觉性和自我保护能力。

本教材由11个核心项目组成，分别为：国家安全篇——维护国家安全堡垒、交通安全篇——做文明出行的践行者、人身安全篇——守护生命尊严与权益、财物安全篇——筑起财务与信息安全屏障、生活安全篇——建设绿色安全的生活环境、消防安全篇——共筑消防安全屏障、自然灾害安全篇——锻造自然灾害的智慧之盾、网络安全篇——驾驭数字时代的航行舵、实训安全篇——实训场地标准化操作与应急处理演练、求职安全篇——求职过程的自我保护、综合安全防范篇——全面提升安全素养，旨在覆盖大学生日常生活中可能遇到的各种安全问题,并通过一系列具体的工作任务,引导学生学习相应的安全知识和技能。

因编写仓促,书中难免有不当之处,恳请广大读者批评指正。另,教材在编写过程中参考了同行的相关著作和案例,在此一并表示感谢!

编　者

目 录

项目一　国家安全篇——维护国家安全堡垒 / 1

　　工作任务 1.1　策划并实施国家安全意识宣传活动 / 4
　　工作任务 1.2　组织防暴防恐演练 / 10
　　工作任务 1.3　研讨防范邪教渗透的策略 / 15

项目二　交通安全篇——做文明出行的践行者 / 21

　　工作任务 2.1　熟悉与应用交通法规 / 24
　　工作任务 2.2　规划并执行一次学校周边交通安全隐患调查 / 28
　　工作任务 2.3　模拟一场交通事故应急处理情景 / 35

项目三　人身安全篇——守护生命尊严与权益 / 43

　　工作任务 3.1　训练基本的自卫防身技能 / 46
　　工作任务 3.2　策划并举办校园反欺凌与暴力防治活动 / 49
　　工作任务 3.3　开展心理健康自助与互助活动 / 56

项目四　财物安全篇——筑起财务与信息安全屏障 / 65

　　工作任务 4.1　设计个人财物安全防护计划 / 68
　　工作任务 4.2　制作防范电信网络诈骗宣传材料 / 73
　　工作任务 4.3　抵制不良校园贷宣传海报制作 / 78

项目五　生活安全篇——建设绿色安全的生活环境 / 83

　　工作任务 5.1　探究食品安全问题并形成解决方案 / 86
　　工作任务 5.2　组织疾病预防科普讲座 / 93
　　工作任务 5.3　制作防溺水安全教育与急救技能手册 / 109

项目六　消防安全篇——共筑消防安全屏障 / 115

　　工作任务 6.1　火灾扑救的短视频制作 / 118
　　工作任务 6.2　火灾疏散与逃生方案制作 / 126

项目七　自然灾害安全篇——锻造自然灾害的智慧之盾 / 133

　　工作任务 7.1　气象灾害预防与应对的宣传海报制作 / 136
　　工作任务 7.2　地质灾害预防与应对的科普分享 / 142

项目八　网络安全篇——驾驭数字时代的航行舵 / 149

　　工作任务 8.1　设计一套防止网络沉迷的干预方案 / 152
　　工作任务 8.2　搭建校园网络安全平台 / 157
　　工作任务 8.3　制作网络安全意识教育系列微课 / 165

项目九　实训安全篇——实训场地标准化操作与应急处理演练 / 171

　　工作任务 9.1　实训场地安全规章制度制定 / 174
　　工作任务 9.2　实训场地标准化操作与应急处理演练 / 184

项目十　求职安全篇——求职过程的自我保护 / 191

　　工作任务 10.1　识破就业陷阱——网络招聘平台信息甄别 / 194
　　工作任务 10.2　模拟劳动合同谈判 / 204

项目十一　综合安全防范篇——全面提升安全素养 / 209

　　工作任务 11.1　编制校园整体安全风险评估报告 / 212
　　工作任务 11.2　策划并实施一场禁毒或禁酒主题宣传活动 / 219
　　工作任务 11.3　建立班级安全行为规范与奖惩机制 / 226

参考文献 / 231

附录 / 232

　　附录 1　中华人民共和国国家安全法 / 232
　　附录 2　《中华人民共和国网络安全法》与网络信息安全有关的法律条款 / 232
　　附录 3　普通高等学校学生管理规定 / 232
　　附录 4　高等学校消防安全管理规定 / 243
　　附录 5　中华人民共和国道路交通安全法实施条例 / 243

项目一　国家安全篇——
维护国家安全堡垒

项目一工单

项目环节	项目内容
项目情境	李某，男，1972年生，某边境城市国家机关副科级干部。 李某陪同两名中方客户赴某国考察，在其入关时被境外间谍情报机关人员带离盘问，对其随身行李进行搜查，将其手机存储内容进行复制，并询问其通讯录内联系人情况。随后，境外间谍情报机关人员以莫须有的理由强行对李某开具行政处罚，并要求李某签署为对方服务的保证书，否则不得离开，甚至嚣张地威胁说："你是鱼，我就钓你。"李某在胁迫之下无奈签署了保证书。 李某回国后，第一时间向当地国家安全机关自首。通过对其政策宣讲、思想教育，李某如实讲述了被境外间谍情报机关人员胁迫策反的全过程，并积极配合国家安全机关开展宣传教育。根据《反间谍法》第二十八条规定，国家安全机关对李某不予追究。 李某案反映出，境外间谍情报机关高度关注我国党政机关工作人员，一旦发现具有价值的对象，便以威逼、胁迫、利诱、设圈套等方式，不择手段地进行策反活动
项目要求	请完成以下思考与讨论。 1. 如果你是李某，在上述情境中，你将如何应对？ 2. 你身边有没有类似的事情发生？你是如何判断的？ 3. 你在今后的学习与工作过程中，如何维护国家安全
项目目标	**知识目标** 1. 理解国家安全的基本概念与范畴； 2. 熟悉国家安全相关法律法规； 3. 了解防暴防恐基本知识； 4. 了解邪教组织渗透手段及对社会的危害。 **能力目标** 1. 能够独立或团队合作策划国家安全意识提升活动，有效传播国家安全知识； 2. 通过防暴防恐演练，掌握紧急情况下的自我保护技能和疏散技巧； 3. 针对邪教渗透问题，能进行文献检索与分析，形成有深度的研究报告； 4. 培养识别信息真伪的能力，对国家安全相关信息进行独立思考和判断。 **素养目标** 1. 树立牢固的国家安全观，认识到维护国家安全是每个公民的责任； 2. 激发对社会公共安全关注的责任心，主动参与维护国家安全的实践活动； 3. 尊重并遵守国家安全相关法律法规，强化法治意识； 4. 坚定文化自信，抵制不良文化思想侵蚀，尤其是邪教等非法组织的渗透
项目实施	1. 如果你是李某，在上述情境中，你的应对措施。 2. 你身边有没有类似的事情发生？你判断的依据。 3. 你在今后的学习与工作过程中，维护国家安全的做法。
项目总结	请列举你在完成这个项目的过程中遇到的问题及解决办法

工作任务 1.1
策划并实施国家安全意识宣传活动

【任务描述】

设计一张国家安全意识宣传海报，并撰写活动总结报告。

任务要求：在规定时间内，以小组为单位，学习国家安全知识，设计创意宣传海报，策划并实施一场校园内的宣传活动，最后整理出活动总结报告。海报需富有吸引力，内容准确传达国家安全信息；活动需提升参与者的安全意识；报告内容包括活动过程、效果及反思等。

【任务实施】

策划并实施国家安全意识宣传活动		
姓名：_____ 班级：_____ 学号：_____		
实施步骤	步骤说明	过程记录
1. 知识学习与团队组建	（1）快速学习国家安全基础知识； （2）组建团队，分配角色：包括设计、文案、宣传、执行、报告撰写等	
2. 策划与设计	（1）确定宣传主题，如"国家安全，你我有责"等； （2）计划宣传形式：海报； （3）设计海报初稿，确保信息准确、具有吸引力，符合国家安全主题等	
3. 宣传准备	（1）海报定稿，优化后打印； （2）利用社交媒体预热，发布海报、预告活动信息； （3）准备活动物资，布置场地	
4. 活动实施	（1）展示海报，讲解国家安全重要性； （2）互动环节：游戏、问答、分享； （3）收集反馈，记录活动照片、视频	
5. 撰写报告与反馈	（1）团队讨论活动，总结成功与待改进点； （2）撰写活动报告：活动概述、成果、反馈收集、反思、建议	

【知识储备】

一、国家安全概念

国家安全观

国家安全概念涉及国家的政权、主权、统一和领土完整、人民福祉、经济社会可持续发展以及国家其他重大利益的保障状态。根据《中华人民共和国国家安全法》规定，国家安全是一个综合性概念，它不仅仅是免受外部军事威胁或内部动荡，而是涵盖政治安全、国土安全、军事安全、经济安全、文化安全、社会安全、科技安全、网络安全、生态安全、资源安全、核安全等多个领域，形成了一个紧密联系、相互影响的大安全格局。

党的二十大报告中强调，国家安全是民族复兴的根基，社会稳定是国家强盛的前提。在新时代背景下，总体国家安全观被提出并强调，要求在党的领导下，以人民安全为宗旨，以政治安全为根本，以经济安全为基础，同时注重各领域安全的统筹协调，既要防范传统安全威胁，也要应对非传统安全挑战，如网络安全、生物安全、太空安全等新型领域安全问题。

总体国家安全观还强调发展与安全的辩证统一，认为在推进经济社会发展的同时，必须把安全发展贯穿国家发展各领域和全过程，既要通过发展提升国家安全实力，也要依靠国家安全来保障发展成果，确保国家发展不受外部冲击和内部隐患的影响。

此外，党的二十大报告中还提到，面对国内外环境的深刻变化，必须保持清醒的头脑，增强忧患意识，坚持底线思维，居安思危，未雨绸缪，既要打好防范和抵御风险的有准备之战，也要打好化险为夷、转危为机的战略主动战。这意味着，维护国家安全是一项长期任务，要求具有前瞻性和主动性，能够及时识别、预判并有效应对各种潜在风险，确保国家长治久安和人民安居乐业。

二、国家安全的内容

《中华人民共和国国家安全法》从政治安全、国土安全、军事安全、经济安全、文化安全、社会安全、科技安全、网络安全、生态安全、资源安全、核安全、海外利益安全、生物安全、太空安全、极地安全、深海安全等16个领域明确了国家安全任务。

1.政治安全

作为国家安全的根本，政治安全涉及党和国家的安危，核心是政权安全与制度安全。

2. 国土安全

国土安全涵盖领土完整、国家统一、海洋权益及边疆边境不受侵犯或免受威胁的状态。

3. 军事安全

军事安全是确保国家不受外来军事侵犯和战争威胁，并维护这种安全状态的能力，是国家安全体系的重点领域，对其他安全领域具有重要保障作用。

4. 经济安全

作为国家安全的基础，经济安全聚焦于坚持基本经济制度，完善社会主义市场经济体制，促进经济发展，提高人民的生活水平。

5. 文化安全

作为国家安全的保障，文化安全要求坚持社会主义先进文化前进方向，强化文化自信与自觉，推动文化繁荣发展，保障精神文明建设。

6. 社会安全

社会安全直接关联公众秩序与民众福祉，涉及治安维护、社会治理和公民福祉等多个方面，是维护国家安全的重点组成部分。

7. 科技安全

科技安全是指确保科技体系的完整性与关键技术的安全可控，防止外部技术优势侵害国家核心利益，科技安全是国家安全的关键支撑。

8. 网络安全

在网络空间成为新的战略领域背景下，网络安全成为国家安全面临的复杂挑战，涉及防范网络攻击、网络入侵、网络窃密等，维护国家网络空间主权、安全和发展利益。

9. 生态安全

生态安全是维护国家生态系统的健康与完整，以及应对外部生态威胁的能力，直接关系到经济社会可持续发展、民众福祉和社会稳定，是国家安全体系的重要基石。

10. 资源安全

资源包括水资源、能源、土地、矿产等，资源安全的核心是保证各种重要资源的充足、稳定与可持续供给。在此基础上追求以合理价格获取资源，以集约节约、环境友好的方式利用资源，保证资源供给的协调和可持续。

11. 核安全

鉴于核能利用的双刃剑特性，核安全旨在应对核武器扩散、对峙、恐怖主义威胁及核事故风险，保障核材料与设施的安全，减少核污染与泄漏的可能性，维护全球及国家的核安全环境。

生物安全是指国家有效防范和应对危险生物因子及相关因素威胁，生物技术能够稳定健康发展，人民生命健康和生态系统相对处于没有危险和不受威胁的状态，生物领域具备维护国家安全和持续发展的能力。

12. 海外利益安全

作为国家利益的拓展，海外利益安全涵盖海外能源资源、海上战略通道及海外公民、法人的安全。

13. 生物安全

生物安全涉及生物技术可能引发的生态环境与人类健康风险，需采取预防控制措施。在全球生物安全形势剧变中，短期挑战包括生物威胁、传染病防控与两用技术监管，长期则需强化战略规划与技术创新，以维护国家生物安全。

14. 太空安全

随着太空成为国际竞争新舞台，太空安全面临卫星频轨资源紧张、太空碎片增多及太空军事化等挑战，这些都威胁到卫星在轨运行安全及国际战略平衡，凸显了维护太空安全的重要性。

15. 极地安全

极地安全是指维护国家和平探索与利用极地，增强安全进出、科学考察开发利用的能力，加强国际合作维护我国在外层空间、国际海底区域和极地的活动、资产和其他利益的安全。

16. 深海安全

深海安全涉及国际海底区域的和平探索与利用，增强安全进出、科学考察与资源开发的同时，加强国际合作，保障我国在深海区域的权益与活动安全。

三、危害国家安全的行为

《中华人民共和国国家安全法》规定：本法所称危害国家安全的行为，是指境外机构、组织、个人实施或者指使、资助他人实施的危害国家安全的行为，或者境内组织、个人与境外机构、组织、个人相勾结实施的危害国家安全的行为。

危害国家安全的具体行为如下。

（1）阴谋颠覆政府，分裂国家，推翻社会主义制度的行为。

（2）参加间谍组织或者接受间谍组织及其代理人的任务的行为。

（3）窃取、刺探、收买、非法提供国家秘密的行为。

（4）策动、勾引、收买国家工作人员叛变的行为。

（5）进行危害国家安全的其他破坏活动的。

此外，危害国家安全的其他破坏活动具体表现如下。

（1）组织、策划或者实施危害国家安全的恐怖活动的；

（2）捏造、歪曲事实，发表、散布文字或者言论，或者制作、传播音像制品，危害国家安全的；

（3）利用设立社会团体或者企业、事业组织，进行危害国家安全的活动；

（4）利用宗教进行危害国家安全的活动；

（5）制造民族纠纷，煽动民族分裂，危害国家安全；

（6）境外个人违反有关规定，不听劝阻，擅自会见境内有危害国家安全行为或有重大嫌疑的人员。

四、危害国家安全的法律责任

危害国家安全要承担刑事法律责任或者行政法律责任。根据其危害的结果进行处罚，具体处罚有：管制、拘役、判刑（有期、无期、死刑或死缓）、罚金、剥夺政治权利、没收财产、行政处分（警告至开除等）、行政拘留、没收（如非法持有的属于国家秘密的文件等）、限期离境和驱逐出境（对境外人员的行政处罚）。

五、国家秘密的含义

《中华人民共和国保守国家秘密法》规定，国家秘密是指关系国家安全和利益，依据法定程序确定，在一定时间内只限一定范围的人员知悉的事项。这一定义体现了国家秘密的以下几个核心特征。

1. 关系国家安全和利益

国家秘密首先必须与国家安全和利益密切相关，包括政治安全、国防安全、经济安全、科技安全、文化安全等各个领域，任何可能对国家的整体利益、发展和安全造成负面影响的信息都可能被列为国家秘密。

2. 依照法定程序确定

国家秘密的确定、变更和解除需遵循严格的法律程序，不能随意为之。这通常涉及保密管理部门按照国家规定，对信息进行评估、审批和标注密级的过程。

3. 限定知悉范围

国家秘密只允许特定层级和需要知晓的人员接触，未经批准不得向无关人员泄露。这一措施是为了控制信息传播，减少泄密风险。

4. 时间限制

国家秘密通常会在一定时间后解密，这个期限根据信息的敏感程度和实际需要设定，可以是短期、中期或长期。解密机制确保信息不会永久保密，当保密的必要性不再存在时，信息将公开。

国家秘密按密级划分为三个等级：

（1）绝密：这是最高级别的国家秘密，泄露会使国家安全和利益遭受特别严重的损害。

（2）机密：涉及重要的国家秘密，泄露会使国家安全和利益遭受严重的损害。

（3）秘密：指一般的国家秘密，泄露会使国家安全和利益遭受损害。

六、大学生保守国家秘密的基本要求

（1）学习法律法规，树立保密意识：大学生应深入学习《中华人民共和国保守国家秘密法》及相关法律法规，理解保密工作的法律基础和重要性，树立牢固的保密观念，认识到保守国家秘密是每位公民的责任与义务。

国家安全教育日

（2）参与安全教育，提升防范能力：积极参与学校组织的国家安全教育活动，通过课程学习、讲座、研讨会等形式，增强对国家安全形势的认识，提升识别和防范危害国家安全行为的能力。

（3）严格遵守保密规定：在学习、科研及社会实践活动中，严格遵守涉密信息的处理规定，对接触到的任何可能涉及国家秘密的信息，未经允许，不得记录、复制、传播或泄露给未经授权的人员。

（4）谨慎言行，避免无意泄密：在日常交流中，不讨论涉及国家秘密的话题，不在社交媒体、公共场所等非保密环境下提及敏感信息，防止无意间泄露国家秘密。

（5）妥善保管涉密资料：对涉密文件、数据和物品，按照保密规定进行严格保管，确保物理安全和电子文档的安全，不随意存放或携带出安全区域，以防被窃或遗失。

（6）规范网络行为：在互联网使用中，提高警惕，不访问非法网站，不下载或上传涉密信息，不参与可能泄露国家秘密的网络讨论或交流，保护个人及国家信息安全。

（7）主动报告泄密风险：若发现有国家秘密泄露的迹象或行为，应立即向学校保卫部门或直接向国家安全机关报告，协助及时阻止泄密事件的进一步发展。

（8）配合国家安全机关工作：当国家安全机关因工作需要调查了解情况时，大学生应积极配合，提供真实、全面的信息，不得隐瞒或拒绝，共同维护国家安全和社会稳定。

【任务评价】

评价内容	评价指标	分值	自评（30%）	互评（30%）	师评（40%）	总评
海报设计质量	创意、信息准确性、视觉吸引力	30				
宣传效果	活动人员参与度、受众安全意识提升情况	20				
活动组织	流程顺畅度、团队合作情况	20				
报告内容	完整性、反思深度，改进情况建议	20				
时间管理	是否在规定时间内完成所有任务	10				

工作任务 1.2
组织防暴防恐演练

【任务描述】

组织一次校园防暴防恐演练活动，并提交详细的活动记录报告，包括演练计划、过程记录、参与人员总结反思等。

任务要求：在规定时间内，通过学习防暴防恐相关知识，策划并实施一次模拟演练活动。活动需涵盖预防、应对、疏散、报警、自我保护等环节，以增强学生应对突发暴力恐怖袭击的意识与能力。活动后，需撰写详细的活动记录与反思。

【任务实施】

组织防暴防恐演练		
姓名：_____ 班级：_____ 学号：_____		
实施步骤	步骤说明	过程记录
1. 知识学习与团队组建	（1）快速学习防暴防恐基础知识，了解应对策略； （2）成立团队，分配角色：包括策划、组织、记录、后勤、安全指导等	

续表

实施步骤	步骤说明	过程记录
2.策划与准备	（1）制订演练主题，如"校园暴力事件应急响应"等； （2）设计活动流程，包括预警信号、疏散方法、安全区域、报警方式、自保方式的确定； （3）准备物资、布置场地，通知参与人员	
3.培训与预演前会议	（1）安全知识培训，讲解应对措施； （2）召开预演前动员会，强调安全、流程、角色职责	
4.实施演练	（1）模拟发出预警，启动演练； （2）学生疏散至安全点，模拟报警、自保演示； （3）观察员记录演练过程	
5.反馈与记录	（1）收集参与者反馈意见，讨论； （2）整理活动照片、视频、文字资料； （3）撰写报告，总结经验、改进点	

【知识储备】

一、恐怖主义的含义

恐怖主义是一种复杂的政治暴力现象，它涉及通过有预谋的暴力行为、破坏活动和恐吓手段，意图制造社会恐惧，以此达成特定的政治、意识形态或宗教目的。恐怖分子通常针对非战斗人员，包括平民和象征性的公共目标，利用突如其来的攻击来震撼公众心理，迫使政府或国际组织改变政策或行为。这些行为往往超越了常规的犯罪范畴，具有强烈的象征性和宣传效果，意在吸引媒体关注，扩大其影响力。恐怖主义活动的策划和执行通常由非政府组织或秘密网络进行，它们可能跨国运作，具有高度组织性和隐蔽性。

二、恐怖主义的特征

1. 国际化倾向

恐怖主义不再是局限于特定地区的现象，而是跨越国界，影响全球各地。活动范围从传统的热点区域如西欧、中东、拉丁美洲扩展至全球多个国家和地区,形成了国际化的网络和协作。

2. 打击目标的广泛性

早期的恐怖主义主要针对政府机构、外交和军事目标,但现在其打击范围已经大幅拓宽,涵盖了商业中心、普通平民、关键基础设施和公共设施等,意在制造更广泛的社会恐慌和混乱。

3. 手段的多样性与创新性

恐怖主义采取的手段从传统的暗杀、绑架发展到使用自杀式爆炸、汽车炸弹、网络攻击等多种形式,甚至利用新兴技术如无人机进行袭击,不断寻求新的方式以达到其目的。

4. 组织结构的严密性

许多恐怖组织内部组织严密,有着清晰的指挥链和严格的纪律,成员间存在紧密的联系和分工,有的甚至拥有复杂的融资和后勤支持系统。

5. 带有政治性目的

恐怖主义的根本目的是实现政治或意识形态上的诉求,这与单纯追求经济利益的犯罪集团有本质区别。恐怖行动往往是为引起注意而向政府或国际体系施加压力或进行反抗。

6. 长期性和持续性

恐怖组织往往具有一定的稳定性,能够在较长时期内持续进行恐怖活动,形成对特定国家或国际社会的持续威胁。

7. 社会危害性

恐怖主义不仅造成直接的生命财产损失,更在公众心理层面产生深远影响,其通过制造恐惧和不确定性,削弱公众对政府的信任,影响社会的正常秩序和国家的稳定。

三、常见的恐怖袭击手段

常见的恐怖袭击手段分为常规手段和非常规手段两种。

1. 常规手段

(1)爆炸恐怖袭击:利用炸弹、汽车炸弹、自杀性人体炸弹等造成大规模伤害和恐慌。

(2)枪击恐怖袭击:通过手枪、步枪、冲锋枪等武器在人群密集处开火。

(3)劫持:劫持人质、交通工具(包括汽车、船只、飞机)等,并借此提出交换条件。

（4）纵火与破坏：蓄意纵火破坏建筑物、基础设施（电力、交通、通信等），以及供水供气设施等。

2. 非常规手段

（1）核与辐射恐怖袭击：利用核材料或放射性物质散布，造成环境放射性污染和人员伤害。

（2）生物恐怖袭击：散播有害生物制剂或病原体，对人和动植物健康构成威胁。

（3）化学恐怖袭击：使用有毒化学品，通过空气、水或食物链传播，导致人和动植物中毒或死亡。

（4）网络恐怖袭击：利用互联网散布恐怖信息，操控信息系统，瘫痪关键基础设施或盗取敏感数据。

二、应对恐怖主义威胁的策略

1. 国际社会应对恐怖主义威胁的策略

国际社会在应对日益严峻的恐怖主义威胁时，采取了一系列多维度、综合性的策略，旨在从根源上抑制恐怖主义的扩散，减少其对全球和平与稳定的冲击。

（1）深化国际合作，构建全球反恐统一战线。这包括通过联合国及其专门机构，如联合国反恐办公室，加强国际法律框架，制定并执行统一的反恐标准与指导原则。各国政府间的信息共享与情报交流变得至关重要，利用高科技手段监控恐怖活动的资金流、人员流动及网络活动，确保快速响应和精准打击。此外，国际合作还涉及跨境执法、引渡罪犯及联合军事行动，以及在冲突地区部署维和部队以稳定局势，减少恐怖主义的滋生。

（2）国际社会致力于源头治理，即消除恐怖主义的社会经济根源。这意味着要解决贫困、失业、教育缺失和政治排斥等根本性问题，这些问题常被恐怖组织利用作为招募新成员的借口。通过国际合作发展项目，提高受援国的自我发展能力，同时促进社会包容与多元文化的融合，减少族群、宗教和民族间的冲突。此外，通过投资教育，特别是针对偏远和贫困地区，可以提高公众对极端思想的免疫力，培养理性和平的公民意识。去极端化项目也是关键一环，旨在改造已经激进化或有激进化倾向的个体，帮助他们重新融入社会。

（3）国际社会注重提升韧性与应急响应能力，确保在遭受恐怖袭击后能够迅速恢复。这涉及建立高效的情报预警系统，强化关键基础设施的防护，提升公众安全意识及应急演练。在遭遇袭击后，提供及时的人道援助、心理支持、法律援助和经济补偿，帮助受害者及受影响社区尽快恢复正常生活，对于防止社会恐慌情绪蔓延和恐怖主义的进一步宣传尤其重要。同时，国际社会还需加强对网络空间的监管与防御，因为现代恐怖主义越来越多地利用互联网进行招募、宣传和策划袭击。

2. 日常生活中应对恐怖主义威胁的策略

（1）提升警觉性与识别能力

1）警惕异常迹象：留意个体的异常行为，包括神情紧张、着装与环境不协调、携带违禁品、在敏感地点频繁徘徊、车辆违规停放等，并且匹配警方通报的嫌疑人描述。

公民防范恐怖袭击　日常警惕恐怖袭击

2）加强环境感知：在公共场所保持对周围环境的敏锐观察，识别潜在的安全隐患。

（2）应对恐怖袭击的基本策略

1）保持冷静，服从指令：遭遇袭击时首先要保持冷静，避免直接对抗，遵循官方指导行动。

2）隐蔽通信求助：静默使用手机，通过短信等隐蔽方式向警方报告关键信息，如位置、人质与袭击者概况。

3）细致观察并记忆：留意并记忆袭击者的特征和数量，以便后续提供给调查人员。

（3）面对爆炸袭击的应对措施

1）迅速评估，有序撤离：冷静分析现场状况，选择最安全的逃生路径迅速离开，避免因恐慌引发混乱。

2）防护呼吸，避免中毒：利用湿布捂住口鼻，减少吸入有害气体，采取低姿势移动以减少暴露。

（4）应对枪击事件的生存指南

1）即时隐蔽，寻找掩体：遇枪击立即采取低姿态，寻找坚固或能提供遮挡的物体隐藏，远离直线射击路径。

2）智慧选择隐蔽点：优先考虑能够有效阻挡子弹的掩体，同时利用身边任何可提供遮蔽的物品临时避难。

3）安全后自检互救：到达安全地带后，检查自身有无受伤，必要时进行初步自救，并协助他人。

【任务评价】

评价内容	评价指标	分值	自评（30%）	互评（30%）	师评（40%）	总评
策划组织	演练设计的周密性、可行性	20				
执行效果	参与者的反应，流程连贯性、安全性	20				

续表

评价内容	评价指标	分值	自评（30%）	互评（30%）	师评（40%）	总评
知识应用	理论与实践结合度，应对技巧掌握情况	20				
记录质量	所记录内容的详细性，反思的深度	20				
团队协作	活动中沟通的效率、角色执行的能力	10				
时间管理	是否在限定时间内完成所有任务	10				

工作任务 1.3
研讨防范邪教渗透的策略

【任务描述】

小组研讨提出校园防范不良思想渗透的针对性措施，以促进健康校园文化环境建设。

任务要求：在规定时间内，通过学习不良思想防范相关知识，分析其特点与影响，研讨并提出针对性的校园防范策略，最终形成一份报告，涵盖其现状分析、策略建议、实施路径与预期效果评估等。

【任务实施】

研讨防范邪教渗透的策略			
姓名：_____	班级：_____		学号：_____
实施步骤	步骤说明		过程记录
1. 知识学习与团队组建	（1）学习不良思想类型、影响及校园案例； （2）分组，包括提纲设计、讨论组织、报告撰写等角色		
2. 现状分析	（1）收集校园内外案例，分析邪教渗透方式、影响等； （2）讨论校园文化、社交网络等薄弱环节		

续表

实施步骤	步骤说明	过程记录
3.策略研讨	（1）预防措施：包括理论教育等； （2）应对：举报机制、心理辅导、网络监管等； （3）长效机制：文化建设、家校合作	
4.方案制订	（1）结合研讨，制订具体措施，明确实施步骤； （2）考虑资源、时间表、责任人等因素	
5.报告撰写与反馈	（1）撰写研讨报告草稿，含分析、策略、预期效果等； （2）反馈、修正，确保内容全面、可行	

【知识储备】

一、邪教的概念

邪教是指那些冒用宗教、气功或以其他名义建立的非法组织，其核心特征在于神化一个或几个首要分子，将他们包装成具有超自然力量的"教主"，并通过散播歪理邪说、制造迷信恐慌和精神控制等手段，对信徒实施全面的操控。这些组织往往以"拯救灵魂""实现终极真理"为幌子，实则进行精神奴役，剥夺信徒的独立思考能力，并不择手段地聚敛钱财、扩大势力范围，对社会秩序、公共安全及个人身心健康构成严重威胁。邪教活动常伴随秘密结社、隔离信徒与外界联系及使用威胁、惩罚等手段强化内部纪律，导致信徒深陷其中，难以自拔。

二、邪教的特征

反邪教

1.绝对权威的"精神领袖"崇拜

邪教组织通常围绕一个被视为拥有超凡能力或神圣使命的中心人物建立，该"领袖"被极度神化，要求信徒无条件服从其命令，形成对其个人的盲目崇拜，这种崇拜超越了理性和道德界限。

2.封闭排他的组织结构

邪教倾向于构建一个与外界高度隔离的社群环境，限制或禁止成员接触外部信息，通过控制信息流通，强化内部信念体系，使信徒深陷于封闭的思想体系中，难以质疑或逃离。

3. 极端的精神控制与操纵

采用各种心理战术和高压手段，如睡眠剥夺、情感操控、恐惧诱导等，以削弱信徒的批判思维和自我决定能力，使其完全依赖组织，丧失独立判断能力和自由意志。

4. 扭曲的教义与信仰

邪教的教义往往是对传统宗教或哲学思想的极端扭曲，包含非理性的、矛盾的或有害的信念，强调末世论、特殊使命、救赎或惩罚，以此来制造信徒的恐慌和依赖感。

5. 非法敛财与经济剥削

要求信徒无条件奉献财产、时间和劳动，经常通过强制捐赠、高额课程费用、销售所谓的"圣物"等方式聚敛财富，以维持组织运作和领导层的奢侈生活。

6. 反对科学与理性

邪教常否定科学知识和医学治疗，推崇唯心主义和神秘主义疗法，导致信徒拒绝现代医疗服务，有时甚至因此危及健康乃至生命。

7. 秘密仪式与非法行为

举行秘密而往往令人不安的仪式——可能涉及身体虐待、性侵犯等非法活动，对信徒的身体和心理健康造成严重伤害，同时也违反法律。

8. 家庭破裂与社会疏离

鼓励或强制信徒与家庭非信徒成员断绝关系，破坏原有的社会联系，使信徒完全依附于邪教群体，加剧社会的分裂和个体的心理孤立。

9. 威胁与暴力的使用

为了维持组织的控制和防止信徒逃离，邪教有时会采用威胁、恐吓、身体暴力等手段，对内巩固统治，对外压制批评声音，形成一种恐怖统治氛围。

三、邪教的危害

1. 个人身心健康受损

邪教通过精神控制和长期的身心压力，使信徒出现严重的心理问题，如焦虑、抑郁，甚至自杀倾向，同时忽视正规医疗，危害身体健康。

2. 家庭破裂与社会关系断裂

强制信徒与家人、朋友隔绝，破坏正常的人际关系，造成家庭不和与社会孤立，影响社会稳定和谐。

3. 经济掠夺与财务崩溃

邪教组织常常要求信徒捐献所有或大部分财产，导致个人和家庭经济破产，生活陷入困境。

4. 思想奴役与创新能力丧失

长期接受单一、极端的思想灌输，信徒逐渐失去独立思考和批判能力，创造力与个性被抹杀，沦为组织的工具。

5. 法律与伦理底线践踏

邪教内部可能涉及非法拘禁、性侵犯、虐待儿童、诈骗等多种犯罪行为，严重挑战社会法律与伦理道德的底线。

6. 国家安全与社会稳定风险

某些邪教组织规模庞大，具有严密的组织结构，可能从事颠覆国家政权、煽动暴力、制造社会恐慌等活动，对国家安全构成潜在威胁。

四、大学生防范邪教的措施

1. 树立正确的世界观与价值观

大学生应树立崇高的理想和正确的世界观，通过学习马克思主义理论、参与社会实践，增强爱国主义情怀和社会责任感，明确个人价值与社会进步的紧密联系，从根本上构筑抵御邪教侵蚀的思想防线。

2. 强化科学素养与批判性思维

深入学习科学知识，参与科研活动和科普讲座，培养逻辑推理能力和科学方法应用能力，学会科学理性地分析问题，识别并拒绝伪科学和迷信观念，提升对邪教歪理的辨识力。

3. 深入了解邪教本质与危害

通过学习和案例分析，深刻理解邪教组织的运作机制、欺骗手段及其对个人、家庭和社会的严重危害，增强自觉抵制邪教的意识和能力。

4. 珍惜生命，维护家庭和谐

珍视个人生命安全与心理健康，遇到困难和困惑时主动寻求家人、朋友或专业心理咨询师的帮助。同时，强化家庭纽带，增强对家庭责任的认识，不让邪教有机可乘破坏家庭幸福。

5. 倡导文明生活方式，传播正能量

积极参与志愿服务、公益活动，推广科学文明的生活态度，通过正面行动影响身边人，营造积极向上、健康和谐的校园文化氛围，让邪教无所遁形。

6. 坚持"不信、不听、不传"的原则

面对邪教宣传，坚决做到"三不"原则，不给予邪教任何获得关注或传播的机会，一旦发现邪教活动迹象，立即向学校保卫部门或公安机关报告，有效阻断邪教的传播链条。

7. 积极参与反邪教教育与帮教活动

主动参加学校的反邪教宣传教育活动，提升自我保护和帮教他人的能力。对于已受邪教影响的亲友，要耐心劝导，提供心理支持，引导他们回归正常生活，同时，与学校、社区合作，共同推进帮教转化工作。

8. 利用新媒体平台正面发声

合理运用社交媒体、校园网络平台，传播科学知识和反邪教信息，揭露邪教的危害与谎言，发挥青年在网络空间的正面影响力，营造清朗的网络环境，共同维护社会稳定与国家安全。

【任务评价】

评价内容	评价指标	分值	自评（30%）	互评（30%）	师评（40%）	总评
分析深度	报告分析的全面性、准确性	20				
策略创新性	防范措施的创新性、针对性	20				
可行性	防范措施的实施难度、资源匹配度	20				
报告质量	报告内容的逻辑性、表达清晰度	20				
团队合作	分工协作的有效性	10				
时间管理	是否按时完成任务	10				

项目二　交通安全篇——
做文明出行的践行者

项目环节	项目内容
项目情境	请阅读以下几个案例。 案例一： 某日，某大学两名学生骑电动车出校门时与一辆机动车相撞，因电动车速度过快，导致一死一伤，酿成悲剧。 案例二： 某日 10 时许，某校三名男生骑电动车，与迎面骑自行车的女生因错车不及时相撞。当时就导致女生头痛，左耳流血，倒地不起。后被 120 送往当地人民医院。 案例三： 某日，某大学学生莫某驾驶小摩托在校道疾驰，与路边停放车辆相撞，莫某重伤。 案例四： 在某市一所以风景秀美著称的高校内的一个小路口，一名外卖小哥和校园内骑车疾驰的学生相撞，导致双方严重受伤
项目要求	请完成以下思考与讨论。 1. 你认为上述校园交通事故的责任方分别是谁？为什么？ 2. 如何避免上述情境案例中的事故发生？ 3. 若你是上述案例的目击者，你将如何应对？
项目目标	**知识目标** 1. 详细了解国家与地方交通法律法规； 2. 学习评估交通环境中的潜在危险因素； 3. 掌握基本的交通事故预防知识及发生事故时的自救、互救方法； 4. 探索多样化的交通安全教育措施。 **能力目标** 1. 能够在模拟或真实情境中，正确应用交通法规指导安全出行； 2. 能够有效开展实地调查，分析学校周边交通环境，提出合理的安全隐患改进建议； 3. 能够正确开展交通事故中的自救与互救。 **素养目标** 1. 培养关注社会公共安全，积极参与改善交通环境的社会责任感； 2. 树立严格遵守交通规则的意识，强化法治意识； 3. 培养关心他人的同理心； 4. 激发对交通安全领域新知识、新规定的持续学习兴趣
项目实施	1. 上述校园交通事故的责任方及判定依据。 2. 避免上述情境案例中的事故发生的办法。 3. 若本人是上述案例的目击者所采取的应对措施。
项目总结	请列举你在完成这个项目的过程中遇到的问题及解决办法

工作任务 2.1
熟悉与应用交通法规

【任务描述】

制作并提交一段模拟交通场景的视频,展示正确遵守交通法规的行为规范,包括行人过马路、骑行、驾驶、停车等情景。

任务要求:在规定时间内,学习交通法规知识,理解常见交通规则,选取典型场景,设计剧本并实施拍摄演示视频,展示正确的交通行为,并评估视频质量与学习成果。

【任务实施】

制作一段模拟交通场景视频			
姓名:_____	班级:_____		学号:_____
实施步骤	步骤说明		过程记录
1. 法规学习	快速学习交通法律法规相关内容,了解行人、非机动车、机动车行为规范等		
2. 场景选择与剧本设计	(1)确定典型场景:如校园周边、路口、停车场、公交站台等; (2)设计剧本:如礼让行人、安全过街、规范停车等		
3. 道具准备与角色分配	(1)准备摄像设备、安全帽、交通标志等; (2)分配角色:如行人、司机、骑手、交警等		
4. 模拟拍摄与录制	(1)按剧本安全拍摄:如正确过马路、等红绿灯; (2)拍情景:规范停车、让行、使用手势		
5. 后期制作与评价	(1)剪辑视频,确保清晰、流畅 (2)评价视频质量、改进点等		

【知识储备】

一、大学校园内的交通特点

1. 混合交通模式

校园内融合步行、自行车、电动车和汽车等多样化交通方式，形成复杂的交通网络。

2. 高峰期拥堵

上下课时段人流量大，尤其在教学楼、食堂周边，易造成人车混行和交通瓶颈。

3. 安全意识差异

部分学生和教职工安全意识不足，边走路边玩手机、不遵守交规，增加了事故风险。

4. 停车资源紧张

随着私人车辆增多，停车位供不应求，非机动车随意停放现象普遍，影响通行。

5. 管理挑战

开放型校园与城市交通交织，需平衡外来车辆管理与校园安全，制定专门的交通规则。

二、大学生交通安全注意事项

大学生注意
交通安全

1. 遵守交通规则

时刻谨记"红灯停、绿灯行"，走路时不玩手机，专心致志，通过路口时采取"一停二看三通过"。

2. 正确行走

保持直线行走，不在道路上来回穿行或奔跑，避免突然改变方向，以防车辆反应不及。

3. 安全过马路

优先使用过街天桥、地下通道或人行横道过马路。在无此类设施的地方，应确保安全后再通过，并尽量靠右侧行走。

4. 规避危险区域

不进入标有"禁止行人通行""危险"等标识的区域，远离可能发生交通事故的高风险地带。

5.合理使用交通工具

骑自行车或电动车时佩戴头盔，夜间使用照明设备，遵守非机动车道路规则；驾驶机动车需持证并遵守相应法规。

6.提升自我保护意识

提高对可疑人物和物品的警觉，如发现携带危险品或行为异常者，及时报告校园安保或警方。

7.应急准备

了解并熟悉校园及周边的紧急联系方式，如遇交通事故，能迅速求助并采取初步自救措施。

三、交通禁令标志

交通标志

交通禁令标志是交通标志中的主要标志之一，是对车辆加以禁止或限制的标志，如禁止通行、禁止停车、禁止左转弯、禁止鸣喇叭、限制速度、限制重量等。交通禁令标志的颜色（个别标志除外）为白底、红圈、红杠、黑图案，交通禁令标志的形状为圆形、八角形、顶角向下的等边三角形。常见的交通禁令标志见表2-1。

表2-1 常见的交通禁令标志

禁止通行	禁止驶入	禁止机动车通行	禁止载货汽车通行	禁止三轮车通行
禁止小型客车通行	禁止拖、挂车通行	禁止拖拉机通行	禁止农用运输车通行	禁止二轮摩托车通行
禁止非机动车通行	禁止畜力车通行	禁止人力货运三轮车通行	禁止人力客运三轮车通行	禁止人力车通行

续表

禁止骑自行车上坡	禁止行人通行	禁止向左转弯	禁止向右转弯	禁止直行
禁止直行和向左转弯	禁止直行和向右转弯	禁止掉头	禁止超车	解除禁止超车
禁止车辆长时间停放	禁止鸣喇叭	限制宽度	限制高度	限制质量
限制速度	解除限制速度	停车检查	停车让行	减速让行
会车让行	限制轴重	禁止车辆临时或长时停放	禁止向左向右转弯	禁止骑自行车下坡
禁止某两种车驶入	禁止大型客车通行			

27

【任务评价】

评价内容	评价指标	分值	自评（30%）	互评（30%）	师评（40%）	总评
法规理解	视频中行为的法规准确性	40				
设计创意	场景设计的新颖性、实用性	20				
演示质量	表演的自然性、规范性	10				
视频制作	视频技术含量，剪辑质量、清晰度	10				
自我反馈	问题识别的全面性，改进措施的可行性	10				
时间管理	是否按时完成所有步骤	10				

工作任务 2.2
规划并执行一次学校周边交通安全隐患调查

【任务描述】

撰写一份交通安全隐患调查报告，附带改进建议书，以改善校园周边交通安全环境。

任务要求：在规定时间内，规划并执行一次学校周边交通安全隐患实地调查，识别潜在危险点，分析原因，提出改进建议，并汇总成报告。

【任务实施】

规划并执行一次学校周边交通安全隐患调查			
姓名：_____ 班级：_____ 学号：_____			
实施步骤	步骤说明		过程记录
1. 调查规划	（1）确定调查范围：校门口，校园道路交叉口、人行道等； （2）设计调查路线，分组，准备工具（地图、相机、记录表等）		

续表

实施步骤	步骤说明	过程记录
2. 现场调查	（1）按路线调查并记录隐患：如无交通标识、无信号灯、违规停车； （2）采访师生，收集反馈意见	
3. 资料整理	（1）分析资料，对隐患分类：包括人、车流、设施、标识等； （2）分析原因，如设计缺陷、管理不足等因素	
4. 改进建议制订	（1）提出对策：如增设交通标牌、改善人行道、加强巡逻； （2）论证建议的合理性、可行性及成本	
5. 报告编写与提交	撰写报告：包括现状、原因分析、改进建议、预期效果等	

【知识储备】

文明出行

一、行人交通安全规范

行人交通安全规范是确保行人安全出行的重要规则，以下是具体的规范。

（1）遵守交通信号：行人在过马路时，必须遵守交通信号灯的指示，红灯停，绿灯行，黄灯亮时，已在人行道上的行人应尽快安全通过。

（2）使用人行道：行人应尽量使用人行道行走，避免在机动车道上行走，以减少与车辆的直接接触，降低事故风险。

（3）注意观察：行人在过马路或行走时，应时刻注意周围交通状况，包括车辆行驶方向、速度以及是否有车辆正在接近。

（4）不在行车道停留：行人不应在行车道上停留或玩耍，尤其是在视线不佳或夜间，以避免被车辆撞击。

（5）遵守交通规则：行人应遵守交通规则，如不得翻越护栏、不得在高速公路上行走等，以确保自身和他人的安全。

（6）使用过街天桥或地下通道：在设有过街天桥或地下通道的地方，行人应优先选择这些设施过街，避免直接穿越车流。

（7）注意视线盲区：行人应避免在车辆的视线盲区内行走，特别是在大型车辆如公交车、卡车附近，因为这些车辆的驾驶员可能看不到行人。

（8）夜间行走注意事项：夜间或能见度低时，行人应穿着反光或亮色衣物，使用手电筒或反光设备，以提高自身在道路上的可见性。

（9）避免分心：行人在行走时，应避免使用手机、耳机或进行其他可能分散注意力的活动，以确保能够及时反应并避免危险。

（10）遵守特殊区域规则：在校园、医院、商业区等特殊区域内，行人应遵守该区域的特定交通规则和指示。

（11）紧急情况应对：在遇到紧急情况时，行人应迅速寻找安全地带，并及时向交通管理部门或警察求助。

二、大学生乘坐机动车的注意事项

（1）排队候车，有序上下：在车站或指定地点排队等候，遵循先下后上的原则，切勿争抢座位，避免造成拥挤和混乱。

（2）安全乘车位置：上车后尽量坐在座位上，若需站立，应紧握扶手，避免车辆晃动时摔倒。

（3）注意个人财物安全：乘车时保管好个人物品，贵重物品贴身放置，避免展示大量现金或昂贵电子设备，以防被盗。

（4）不干扰驾驶员：尊重驾驶员，不与其交谈分散其注意力，尤其在车辆行驶过程中。

（5）文明乘车：主动给老弱病残孕及带小孩的乘客让座，体现社会公德。

（6）避免危险行为：车辆行驶中，头部和手部不要伸出窗外，以免发生意外伤害。

（7）了解紧急出口：上车后留意紧急出口和安全锤等应急设备的位置，以便紧急情况下快速撤离。

（8）不携带危险品：不携带易燃、易爆、有毒等危险品上车，确保乘车环境安全。

（9）合法合规：选择正规营运的车辆乘坐，拒绝乘坐无证经营的"黑车"，保障自己的合法权益。

（10）适时下车：提前准备，车辆到站前提醒自己，避免错过站点，下车时确保车辆完全停稳后再起身离开。

（11）关注天气和路况：根据天气变化和道路情况调整出行计划，恶劣天气时减少不必要的出行，确保安全。

（12）紧急情况应对：了解基本的紧急联系方式和自救知识，遇到突发状况能及时应对。

三、大学生乘坐火车的注意事项

（1）证件齐全：务必随身携带身份证、学生证及火车票学生优惠卡，以便接受检票时出示，未通过核验可能影响乘车。

（2）购票优惠：购买联程车票时注意优惠次数限制，确保区间连续，避免优惠资格被错误扣除。

（3）行李管理：不要携带过多行李，注意行李重量和尺寸限制，且应将贵重物品随身携带并置于视线范围内。

（4）个人安全：保护个人信息，避免向陌生人随意透露，警惕诈骗。如遇威胁或不法行为，立即向乘务员或警方报告。

（5）违禁品禁带：遵守铁路规定，不携带管制刀具、易燃易爆品、活体动物（除导盲犬外）等违禁品。

（6）饮食卫生：在列车上选择卫生条件良好的食品，适量携带易于保存的食品，如水果、面包等，避免食用刺激性强的食物。

（7）乘车准备：提前了解始发时间、候车地点和座位信息，确保按时到达车站。电子设备充足电，便于查看车次信息。

（8）旅途规划：合理安排乘车时间，避开道路高峰时段，利用火车上的时间进行适当休息或娱乐，如观看下载的电影。

（9）资质核验：每学年首次乘火车前，需在车站指定窗口或自动售票机上核验学生证资质，确保享受学生票优惠。

（10）健康防护：携带必要的个人卫生用品，如湿巾、口罩等，保持个人卫生，尤其是在流感季节。

（11）文明乘车：遵守公共秩序，不吸烟，不大声喧哗，保持车厢清洁，尊重其他乘客。

（12）应急准备：了解紧急疏散路径，携带常用药品，保持通信工具畅通，以应对突发状况。

四、大学生乘船的注意事项

（1）查看天气预报：出发前应查看天气预报，避免在风、雨、雪、雾等恶劣天气条件下乘船，以确保航行安全。

（2）选择正规船只：只乘坐拥有安全合格证书的船只，拒绝无证、超载或安全措施不足的船只，保障自身安全。

（3）遵守乘船规定：不携带易燃易爆、有毒有害、有腐蚀性或放射性的物品上船。在船上遵守秩序，不吸烟，不乱扔烟头。

（4）自觉维护秩序：上下船时自觉排队，按顺序上下，不推挤，确保通道畅通无阻，等待船只停稳后再行动。

（5）接受安全教育：了解船上安全设施的位置和使用方法，如救生衣、救生船、灭火器等，遇到紧急情况时能迅速应对。

（6）注重个人礼仪：乘船时尊重他人，保持文明行为，不大声喧哗，不乱扔垃圾，注意个人卫生。

五、大学生乘坐飞机的注意事项

（1）提前到达机场：根据航空公司规定，通常建议至少提前 1～2 h 到达机场，以完成值机、安检等流程。

（2）携带必要证件：携带身份证件（国内航班）、护照和签证（国际航班），并准备好电子或纸质机票信息。

（3）了解行李规定：清楚航空公司关于托运行李和随身携带物品的规定，避免超重或携带违禁品。

（4）遵守安检流程：配合机场安检，将随身物品放入安检筐，遵守液体携带限制，通过金属探测门。

（5）登机与就座：根据登机牌指示找到正确的登机口和座位，妥善存放手提行李，遵守机上安全规定。

（6）飞行途中：遵守机上规定，如在起飞和降落阶段关闭电子设备，系好安全带。

（7）保持文明礼仪：飞行中尊重邻座乘客，控制音量，保持个人空间整洁，如需帮助则礼貌请求空乘人员协助。

（8）紧急情况准备：了解紧急出口位置和安全指示，飞行前的安全演示要认真观看，了解应急设备使用方法。

交通安全

六、大学生骑行的注意事项

大学生骑自行车时，应遵循以下交通安全常识及注意事项，确保自身以及他人的安全。

1. 正确装备

（1）佩戴头盔：始终佩戴符合安全标准的头盔，以保护头部在意外碰撞时免受重伤。

（2）穿着鲜艳：穿着明亮颜色的衣物，尤其在黄昏或夜晚骑行时，增加可见性。

（3）使用手套和专业鞋：戴手套保护手部，穿专业的自行车鞋提升脚踏效率和控制力。

2. 自行车维护

（1）定期检查：确保自行车的刹车、轮胎、灯光、链条等部件处于良好状态。

（2）轮胎充气：根据天气和路面条件调整轮胎气压，防止爆胎或打滑。

（3）安装反光器：在自行车前后安装反光镜或贴反光条，提高夜间可见性。

3. 遵守交通规则

（1）骑行方向：按照当地交通规则骑行，一般在道路右侧，并在自行车道或指定区域骑行。

（2）遵守交通信号：严格按照红绿灯指示，过马路时要格外小心，注意左右来车。

（3）变道和转弯：提前查看身后情况再变道，使用正确的手势示意转弯意图。

（4）不戴耳机：骑行时避免戴耳机听音乐，保持对周围环境的敏锐感知。

4. 环境意识

（1）注意路况：时刻留意路面情况，避开坑洼、湿滑地或障碍物。

（2）观察行人和其他车辆：保持足够的安全距离，预测并规避可能的危险。

（3）避免危险行为：不逆行、不超速骑行或在不适合骑行的地方骑行，如人行道。

5. 特殊场景

（1）学习骑行：初学者应在无车或人少的区域练习，避免在繁忙道路上学习。

（2）校园骑行：校园内应遵守特定的骑行规则，不闯红灯，不逆向骑行，控制速度。

6. 停放安全

（1）选择合适地点：将自行车停放在有监控或照明良好的地方，减少被盗风险。

（2）使用高质量锁具：使用U型锁或链条锁等，确保自行车安全固定。

七、大学生驾驶机动车的注意事项

大学生驾驶机动车时，确保安全是首要责任。一些重要的安全常识及注意事项如下。

（1）遵守交通规则：严格遵守交通信号、标志、标线，尊重路权，不闯红灯，不违规变道或超速行驶。

（2）控制车速：根据路况、天气和交通条件适时调整车速，避免超速，特别是在雨雪、雾天或视线不良时降低车速。

（3）保持安全车距：与前车保持足够的安全距离，一般建议至少保持两秒或更长的跟随时间，以确保有足够的反应时间。

（4）正确使用灯光：根据光线条件正确使用近光灯、远光灯、示宽灯和转向灯，不滥用远光灯以免影响对向来车的视线。

（5）避免疲劳驾驶：长途驾驶时定时休息，避免连续驾驶超过两小时不休息，确保精神状态良好。

（6）酒精与药物：绝对禁止酒后驾驶或服用影响驾驶能力的药物后驾驶，这些都会严重降低反应能力和判断力。

（7）安全装备：确保所有乘客系好安全带，摩托车驾驶员和乘客佩戴头盔。

（8）检查车辆：定期对车辆进行检查和保养，确保刹车、轮胎、灯光、转向等系统功能正常，特别是长途出行前。

（9）应急准备：车上应备有应急工具箱，包括警示三角牌、备用轮胎、千斤顶、手电筒等，了解基本的故障处理方法。

（10）文明驾驶：不随意变道、抢行或强行超车，礼貌让行，不使用手机或其他电子设备分散注意力。

（11）环境适应：在特殊天气或路面条件下（如雨雪、结冰、积水、沙石路）采取相应驾驶策略，如增大车距、降低速度。

（12）了解路况：出行前了解路线，避开拥堵或施工路段，使用导航系统辅助驾驶，但不应过度依赖。

（13）应急处置：学会基本的应急操作，如轮胎爆胎时如何控制车辆稳定，以及在紧急情况下如何快速有效地停车。

【任务评价】

评价内容	评价指标	分值	自评（30%）	互评（30%）	师评（40%）	总评
调查全面性	所调查隐患的覆盖面，及对细节的重视	20				
分析深度	对安全隐患原因分析的深刻性、逻辑性	20				

续表

评价内容	评价指标	分值	自评（30%）	互评（30%）	师评（40%）	总评
改进建议	所提出改进建议的可行性、创新性	20				
报告质量	所撰写报告语言的流畅性、生动性	20				
团队协作	团队实施任务过程中的效率、沟通交流的意愿	20				

工作任务 2.3
模拟一场交通事故应急处理情景

【任务描述】

制订一场交通事故应急处理方案，并对交通事故作出正确的应急处理。

任务要求：在规定时间内，学习交通事故应急知识，设计模拟情景，组织演练，通过角色扮演学习应急处理技巧，记录演练过程，并进行反馈评价。

【任务实施】

模拟一场交通事故应急处理情景			
姓名：_____ 班级：_____ 学号：_____			
实施步骤	步骤说明		过程记录
1. 知识学习与研究	（1）通过视频、图文资料，了解交通事故类型、急救知识等； （2）研究以往案例，了解常见交通事故应急处理办法		
2. 情景设计与角色设定	（1）设计模拟演练的事故类型； （2）细化角色扮演，如事故伤者（轻伤、重伤）、目击者、第一反应者、急救者、报警者、心理安抚者、旁观者等		

续表

实施步骤	步骤说明	过程记录
3. 应急方案制订	（1）构建流程图，明确从事故发现、报警、现场保护、伤情评估、初步急救、疏导、等待救援、现场记录、心理安抚到后续跟进的每一步骤； （2）明确急救包、警示标志、通信工具等物资需求，考虑不同情境下的特殊准备	
4. 模拟演练实施与记录	（1）启动演练，全程录像，各角色按照计划行动，观察员记录反应； （2）模拟突发事件处理，考验应变能力，记录处理过程与效果	
5. 反馈与总结报告	（1）召开总结会议，各角色反馈感受，提出问题点； （2）撰写报告，含方案、实施、反馈、反思、改进建议等	

【知识储备】

交通救援

一、行人路遇危险的应急处理

（1）一旦察觉到潜在的危险迹象，如车辆失控、行人通道障碍等，应立即采取行动避险，迅速而果断地离开危险区域，寻找安全地带避让。

（2）不幸遭遇交通事故时，首要任务是保持冷静。立即使用手机或其他通信工具拨打交通事故报警电话122，确保警方能够迅速到达现场处理。若事故导致身体明显受伤，尤其是存在生命威胁的情况，应紧急拨打医疗救护电话120，并在等待专业医护人员抵达的同时，依据所学的基本急救知识实施初步救助，比如正确实施指压止血、简易包扎等措施，以控制伤情恶化，为伤者赢得宝贵的救治时间。

（3）面对机动车驾驶者肇事后逃逸的情形，保持镇静至关重要。应尽可能记录下逃逸车辆的详细信息，包括车牌号码、车辆型号、车身颜色以及其逃离的大致方向。这些信息对于警方后续追踪及案件侦破极为关键。随后，立即通过电话报警，向警方提供详尽的情况说明，请求警方介入，协助追踪并追究逃逸者的法律责任，维护自身合法权益和社会秩序的稳定。

二、乘坐交通工具遇危险的应急处理

1. 乘坐汽车遇危险时的应急措施

（1）即刻启动紧急响应机制。遇到行车安全事故，首要任务是迅速联络相关部门。立即拨打交通事故报警电话 122，精确报告事故发生的准确时间、地理位置、涉及车辆特征及人员伤亡概况。同步连线医疗救护电话 120，如遇火灾险情或乘客被困车厢，还需紧急拨打消防救援电话 119，确保多方面支援迅速到位。

（2）现场保护与证据留存。保护事故现场的原始状态至关重要，任何有意改变或伪造现场的行为均严格禁止。在执法人员到达前，可适当使用绳索等工具圈划安全界限，防止无关人员进入，确保现场证据不受破坏。

（3）优先开展伤员救助与财物保全。在确保自身安全的前提下，对受伤乘客进行初步评估，实施基本的急救措施，如止血、固定等，并尽快安排送往邻近医疗机构进一步救治。同时，留意保护好乘客及个人的财物，避免二次损失，确保财物安全。

（4）强化现场安全防控。为防止次生灾害，应立即将车辆熄火，切断油路，消除可能引发火灾的风险源。现场务必禁烟，采取必要措施预防火灾爆炸，确保环境安全可控。

（5）配合调查，积极举证。在公安交通管理部门人员到达现场后，当事人须全面、真实地陈述事故经过，不得隐瞒事实真相。主动配合警方完成现场勘查、证据收集等工作，为事故处理提供准确信息，耐心等待处理结果。

2. 乘坐火车（高铁）遇危险时的应急措施

（1）火灾应对措施：遭遇车厢火灾时，切勿开启车门或车窗，以防风助火势。应迅速用湿毛巾捂住口鼻，尽量沿列车前进方向快速移动至安全车厢。

（2）紧急疏散：当常规逃生通道受阻，应利用车厢内的消防锤等工具敲碎紧急出口的玻璃，开辟逃生路径。

（3）事故自护技巧：面对火车脱轨、碰撞等重大事件，乘客应迅速采取防护姿势，即趴在地上，紧抓固定物体，头部低下，下巴紧贴胸口，保护要害部位。

（4）特殊环境应对：列车停于桥梁、隧道中时，务必遵从乘务人员指引，通过指定安全通道撤离至最近的避难平台或隧道避车洞。

3. 乘坐轮船遇危险时的应急措施

（1）有序撤离：紧急情况下需弃船时，严格遵循船员指令，穿戴救生衣，有序离船。

（2）海上生存技能：海上遇险时，学会寻找自然水源与食物，保持体温，利用一切手段维持生命体征。

（3）跳水求生技巧：万不得已跳海自救时，选择船尾远离船体处跳跃，采用正确的跳水姿势：双臂交叉护胸，手捂口鼻，视线朝前，伸直腿，脚先入水，减少受伤风险。

（4）江河湖泊自救策略：尽量向岸边游动，水流湍急时顺流而下至缓流区或岸边寻求机会上岸或等待救援。

4. 乘坐飞机遇危险时的应急措施

在飞机上遭遇紧急情况，首要原则是保持冷静，严格遵守空乘人员的指示，协同降低紧急事件的影响。若自身或他人受伤，应立即通知机组成员，以便获得及时的援助与处理。

三、驾驶交通工具出现事故时的应急处理

1. 轻微事故的快速处理机制

若交通事故未涉及人员伤害，且双方对事故的事实与原因无异议，可采取灵活处理方式，即撤离事故现场至不妨碍交通之处，双方自行协商确定赔偿事宜。反之，若存在分歧，则应立即报警，由专业部门介入处理。

2. 涉及人身伤害的事故应对

一旦交通事故导致人员伤亡，驾驶员应立即停车，并在事故现场来车方向 50～100 m 的位置设置醒目的警告标志，夜间还需开启车辆示廓灯及后位灯，以警示过往车辆。紧接着，应迅速拨打医疗救护电话 120 与交通事故报警电话 122，详细报告事故地点、涉事车辆信息及伤亡情况。若事故伴随燃油泄漏或火灾隐患，务必迅速组织人员撤离，避免爆炸风险，确保人员安全。

3. 事故现场的保护与证据保留

无论事故严重程度如何，保护好现场是每位驾驶员的责任。确因抢救伤员需变动现场的，务必清晰标记事故车辆与伤员的原始位置，以便后续的事故调查与责任判定。此外，交通事故的赔偿事宜应严格遵循相关法律法规的规定，通过合法程序解决纠纷，维护各方合法权益。

四、交通事故中的自救

1. 发生交通事故时的自救

1）遭遇两车正面碰撞的自救策略

当面临两车正面相撞的情景，若撞击点位于非驾驶位侧，驾驶员应紧握方向

交通事故急救

盘，双腿伸直前推，身体向后靠，维持平衡状态。相反，若主要撞击点在驾驶位侧或撞击力度大，应迅速脱离方向盘，双脚抬起避免挤压伤害，利用身体的柔韧性缓冲冲击。

2）汽车落水后的紧急应对

车辆不慎落入水中，因车头较重下沉较快，乘客应尽量从车辆后部寻找逃生出路。深水环境下，车门车窗难以开启时，利用车厢内部残留的空气维持呼吸，将面部贴近车顶以获得更多空气空间。待车内外水压平衡后，迅速开启车门脱险。

3）面对汽车翻滚的自救技巧

车辆翻滚瞬间，驾驶员应紧握方向盘并用脚钩住踏板，以固定身体随车体转动，乘客则应迅速趴在座椅上，紧抓车内固定物件，保持身体稳定，避免碰撞或被抛出车外。车体停止后，若车门无法开启，应立即击碎车窗，寻找逃生通道。

4）汽车起火时的即时自救

行车期间若遭遇车辆起火，驾驶员需立即熄火，组织车内人员有序撤离。同时，采取紧急灭火措施，如使用车载灭火器控制初期火势，确保人员安全为首要任务。

5）应对刹车失效的紧急措施

遭遇刹车失效，合理利用手刹成为关键。操作时应平缓拉动手刹，分步实施，反复拉紧松开，逐步降低车速直至平稳停车，避免急拉手刹导致车辆失控。

2. 发生交通事故后的自救

交通事故发生后，尤其是在至关重要的"黄金半小时"内，及时且正确的自救措施对于挽救生命具有决定性意义。因此，熟悉并掌握相应的自救常识，对于每位交通参与者而言，都是极其必要的。

1）应对大出血的自救措施

遭遇事故导致血管破裂时，首要任务是利用身边的清洁布料（如毛巾）临时包扎出血部位，以减少血液流失。完成初步自救后，保持平静，等待专业医护人员到场施救。

2）肋骨骨折的自我应对

若感到剧烈疼痛伴随呼吸困难，这可能是肋骨骨折的迹象。此时，避免任何不必要的身体移动，以防加重伤势。若条件允许，应缓慢使用未受伤的手臂取得手机并拨打紧急救援电话，静候救援。

3）内脏受损的紧急处理

若意识清醒，且出现腹痛伴随大量出血等症状，可能存在内脏破裂的风险。在确保周围环境安全，远离车辆火灾、爆炸等二次危险的情况下，谨慎移动至安全地带，避免加剧内脏出血，静待救护车到达。

4）四肢骨折的初步处理

遭遇肢体疼痛、肿胀、形态异常等情况时，可能是骨折所致。此时切勿随意移动伤肢，以防二次伤害，应保持原位，等待专业救护人员的到来。

5）颈椎或腰椎受损的自我保护

当颈部或腰部受到冲击，且感觉活动受限时，应警惕颈椎或腰椎错位的可能。在任何情况下，避免自行尝试移动，应立即求助，并明确告知旁人关于颈椎和腰椎的疑似损伤情况，以确保得到专业且安全的搬运与救治，防止因不当处理而导致神经系统永久损伤或瘫痪风险。

五、交通事故后的互救

在交通事故现场，因缺乏必要的急救知识而未能对伤者实施及时、有效地救援，往往会导致更为严重的后果。因此，掌握基础的现场互救原则对于每位目击者而言至关重要，这不仅能为伤者赢得宝贵的生命救援时间，还能减轻伤势，提高生存概率。

1. 现场互救基本原则

（1）优先原则：首先，迅速呼叫紧急救援服务（如拨打120），随后根据现场情况开展救援行动。

（2）人员财物排序：救援过程中，始终将人员的生命安全放在首位，财物救援次之。

（3）伤情评估：依据伤员的伤势严重程度采取行动，优先处理重伤员，之后再转向轻伤员。

（4）特殊情况处理：遭遇伤者被车辆结构困住时，切忌盲目拖拽，以免造成二次伤害。应等待专业救援队伍利用专业设备（如液压剪、扩张器等）来解救被困人员。

2. 非专业人士的正确做法

在不具备专业医疗知识，无法准确判断伤情或采取专业救护措施的情况下，首要任务是保持冷静，避免随意移动伤者，以免加重其伤势。应采取的基本措施如下。

（1）控制出血：利用干净的布料对出血伤口进行压迫止血。

（2）保温防寒：为伤者提供保暖措施，如覆盖衣物，以防低体温和休克。

（3）稳定伤者情绪：保持与伤者的沟通，安抚情绪，给予心理支持。

（4）等待专业救援：在采取上述初步措施后，持续观察伤者状况，直到急救人员到达，进行专业接手。

【任务评价】

评价内容	评价指标	分值	自评（30%）	互评（30%）	师评（40%）	总评
情景设计与角色扮演	角色设定的合理性，任务实施的可行性，扮演者的参与度	20				
应急方案	流程设计的合理性、资源安排的充分性，执行过程中对紧急情况处理的有效性	20				
团队协作与沟通	成员间的配合程度、角色间的默契度，沟通的效率	20				
反思与学习效果	报告的质量，包括内容的深度，改进建议的可行性、指导性	20				
创新与提升	相比传统处理方法的创新性，活动对学生的启发性	20				

项目三 人身安全篇——
守护生命尊严与权益

项目环节	项目内容
项目情境	请阅读以下案例。 被告人程某某（17周岁）与被害人陈某某（殁年17周岁）均为某外国语学校学生，两人因琐事而关系不和。某日上午，被告人进入教室门时与被害人发生冲突，在双方相互扭打过程中，被告人手持随身携带的匕首戳伤被害人右颈部、左肩处等部位，致其颈部大量出血后死亡。经法医鉴定，被害人系被他人持单刃锐器刺破右颈总动脉致急性失血而死亡，其左眉、左肩、右手腕背侧等部位亦有戳伤。 案发后，被告人积极对被害人实施了抢救措施，并主动要求在现场等候警察处理。归案后，被告人如实供述了犯罪事实。人民法院审理期间，被害人的父母出具谅解书，对被告人的行为表示谅解，也愿意给其改过自新的机会，请求司法机关对其从宽处理。 人民法院经审理认为，被告人程某某故意伤害他人身体、致人死亡，其行为已构成故意伤害罪。被告人犯罪时已满十六周岁未满十八周岁，犯罪后自动投案、如实供述自己的罪行，系自首，依法予以从轻或减轻处罚。案发后，被告人亲属积极赔偿并取得被害人法定代理人谅解，对被告人程某某可酌情从轻处罚。依法判处程某某有期徒刑五年
项目要求	请完成如下思考与讨论。 1. 你认为上述案例发生的主要原因有哪些？ 2. 如何避免校园暴力的发生？
项目目标	**知识目标** 1. 理解、熟知自卫防身的基础理论； 2. 认知校园欺凌的多种形式、心理影响及法律法规对受害者的保护措施； 3. 熟知心理健康概念、常见心理困扰及自我调节方法； 4. 熟悉涉及个人权益保护的相关法律法规。 **能力目标** 1. 通过实践学会若干简单有效的自卫防身动作，能在必要时进行自我防护； 2. 能够策划并实施反欺凌宣传活动，提高校园内对欺凌行为的认识及反对声音； 3. 学习并实践基本的心理援助技巧，能在同伴遇到心理困扰时提供初步帮助或引导其向专业机构求助； 4. 在遭遇或见证侵权行为时，能运用法律知识维护自己或他人的正当权益。 **素养目标** 1. 强化维护个人安全与尊严的意识； 2. 在面对他人遭遇时，能够展现出深厚的同情心与理解力； 3. 树立正确的法治观念，自觉遵守法律法规，维护社会秩序； 4. 培养面对挑战和压力时的心理韧性，学会积极应对生活中的困难与挫折； 5. 增强作为社会成员的责任感，积极参与创建安全、和谐、健康的学习生活环境
项目实施	1. 上述案例发生的主要原因。 2. 避免校园暴力发生途径。
项目总结	请列举你在完成这个项目的过程中遇到的问题及解决办法

工作任务 3.1
训练基本的自卫防身技能

【任务描述】

录制一段自卫防身动作演示视频，并分享技能掌握体会与应用思考。

任务要求：在规定时间内，通过学习自卫防身基础理论知识与技巧，掌握 3～5 个实用防身动作，并录制视频、撰写个人心得。

【任务实施】

训练基本的自卫防身技能			
姓名：_____	班级：_____		学号：_____
实施步骤	步骤说明		过程记录
1. 理论学习	（1）学习自卫防身基本概念，如危险的识别、自我保护原则、法律界限等； （2）讨论安全与自卫防身的必要性等		
2. 技能学习	（1）学习自卫动作，如基本防御姿势、逃脱术、反击手法、控制技巧等； （2）分解动作原理，强化动作要点		
3. 分组练习	分组练习，轮流模仿、纠正，注意安全指导，避免受伤		
4. 视频录制与拍摄	（1）确定解说脚本，介绍动作、应用场景等； （2）动作流畅演示，注意表情自然，配合解说或旁白，展现动作有效性； （3）每人至少 1～2 个动作，可团队合作展示，体现协同防身		
5. 心得撰写与分享	写个人心得，包括在实际应用中的问题及改进措施等		

【知识储备】

一、大学生人身安全的概念

大学生人身安全是指大学生在日常学习、生活及社会实践过程中，确保自身的生命、健康、心理及行动自由等方面免受伤害或威胁的状态。这包括了防范身体上的直接伤害，如暴力袭击、意外事故等，以及精神或心理上的侵害，如网络欺凌、心理压力等。人身安全的范畴广泛，既关乎学生的生理健康，也涉及其心理健康，确保他们在校园内外都能处在一个安全、稳定、有利于成长的环境中。鉴于大学生群体的社会经验相对不足且好奇心旺盛，增强其安全防范意识、自我保护能力及应对突发事件的技巧是大学生安全教育中的重要内容。

二、大学生人身安全受到威胁的原因

大学生面临的人身安全挑战，部分源于其内在的因素，具体体现为以下几个核心方面。

1. 防范意识的缺失

部分学生对周围环境潜在的不安全因素认识不足，对社会治安的复杂性和犯罪手段的隐蔽性缺乏警觉。这种淡漠的安全意识导致他们在思想上放松警惕，当不幸遭遇危险时，会因为准备不足而陷入被动。

2. 安全知识的匮乏

缺乏对各类安全事件发生规律的认知，使得学生在判断何时、何地、何种情境下存在较高安全风险时显得力不从心。缺乏预见性使他们难以采取先期预防措施，即便身处险境也往往浑然不觉。

3. 自我防卫能力薄弱

在实际案例分析中，不少伤害原本可以减缓或避免，但由于学生自我保护技能的欠缺，面对紧急情况时显得无助，无法有效地自我解围，甚至采取不当行为，加剧了自身危险的程度。

4. 处理危机心态的不当

一些学生在未遇事时轻视安全问题，一旦遭遇困难，则倾向于私下解决，而非通过官方渠道，这种逃避和隐瞒的态度，加上过分依赖非正式关系而非正规组织的帮助，往往将小问题复杂化，增加了问题解决的难度。

5. 规则意识的淡薄

在公共生活场景中，一些学生享受着社会公德、纪律和法律赋予的权益，却忽视了自身应承担的责任和义务。这种只取不予的行为模式，不仅破坏了公共秩序，侵犯他人权利，也间接为自身安全埋下了隐患，降低了社会对其保护效果。

三、大学生防范人身侵害的措施

针对大学生涉及打架斗殴、被劫持等直接威胁人身安全的紧急情况，可采取如下防范与应对策略。

1. 增强自我保护意识与技能

主动参加校园安全教育和自卫防身课程，学习基础逃脱术和防御技巧。了解并熟悉校园及周边环境，对潜在危险保持高度警觉，尽量避免夜间单独行走或进入人迹罕至地区。遇到可疑人物或情况，迅速离开并向安全地带或人多的地方靠近。

2. 合理规划出行，避免危险时段与地点

尽量结伴而行，特别是在夜晚或清晨出行时。利用校园安全服务，如夜间护送服务。避免走偏僻道路，减少在治安问题突出区域的停留时间，不随意接受陌生人的搭讪或乘车邀请。

3. 冷静应对冲突，避免升级

在遇到口头或轻微肢体冲突时，保持冷静，尽量用平和的语言化解矛盾，避免激怒对方。如遇挑衅，寻找退路，尽快离开现场，并及时通知校园安保或报警，不以暴制暴，以免事态扩大。

4. 学习应对绑架、劫持的策略

了解并练习应对突发绑架或劫持的技巧，如保持冷静，记住嫌犯特征，寻找合适的时机报警或求助。在确保自身安全的前提下，与绑匪周旋，不盲目抵抗，尽量满足其表面要求，同时寻找逃脱或获救的机会。

5. 利用科技辅助手段

确保手机电量充足，安装紧急联系应用，设置一键报警功能。外出时开启定位共享，让信任的人能够追踪你的位置。遇到紧急情况，快速使用手机发送求助信息或拨打紧急电话。

6. 培养良好的同伴互助文化

与室友、同学建立紧密的安全互助网络，互相通报行踪，约定安全检查机制。在任何一方遇到紧急情况时，能迅速响应并提供援助，形成强大的校园安全防线。

【任务评价】

评价内容	评价指标	分值	自评（30%）	互评（30%）	师评（40%）	总评
理论理解	对自卫防身法律界限的认知、安全观念的理解，避免冲突优先的体现	20				
技能掌握	动作的准确度、力度、流畅性，是否有效展示自卫技巧	20				
视频质量	所录制视频的清晰度，解说与演示质量，动作的细节处理等	20				
心得深度	个人反思的深度与创新性	20				
团队协作	组内分工的合理性，团队合作精神的体现	20				

工作任务 3.2
策划并举办校园反欺凌与暴力防治活动

【任务描述】

完成一份提升校园反欺凌意识与防范能力的活动策划方案，并按照此方案开展相应活动。

任务要求：在规定时间内，学习校园反欺凌与暴力相关知识，策划并执行一场校园活动，通过理论教育、互动等方式提升学生识别、预防与应对能力，并记录活动全过程。

【任务实施】

策划并举办校园反欺凌与暴力防治活动			
姓名：_____	班级：_____	学号：_____		
实施步骤	步骤说明		过程记录
1. 知识学习与准备	（1）了解校园欺凌与暴力定义、类型、影响等相关内容； （2）讨论校园欺凌行为的识别、心理影响，以及预防措施等		

续表

实施步骤	步骤说明	过程记录
2.方案策划	（1）确定活动主题：如"零容忍欺凌，共建和谐校园"等； （2）分组，包括宣传、教育、互动、心理、安全、后勤负责等角色； （3）制订活动计划：如时间表、场地、物资、预算、宣传方案等	
3.宣传与动员	（1）制作海报或视频； （2）通过校园网、班会、广播、社交媒体推广	
4.活动实施	采用互动方式开展活动，如角色扮演、情景剧、讨论、问答等	
5.记录与评估	记录活动过程，撰写心得体会	

【知识储备】

一、校园欺凌的概念及形式

反对校园欺凌

校园欺凌，作为存在于学校环境中的社会问题，是指在校园内外发生的，以学生为主要参与者，一方或多方蓄意、持续地通过肢体、语言、心理或网络等手段对另一方实施的攻击、侮辱、排挤或压迫行为，导致受害者在身体、心理、财产或社交上遭受伤害的现象。它不仅影响学生的个人发展，还破坏了学校的安全与和谐氛围。校园欺凌的形式多样，常见的有以下几种。

1. 肢体欺凌

这是最直观的形式，包括拳打脚踢、推搡、绊倒、拉扯头发、抢夺物品等直接的身体攻击。这种欺凌行为往往给受害者带来即时的身体疼痛和伤害，也可能留下长期的生理后遗症。

2. 言语欺凌

通过侮辱、嘲讽、起绰号、诽谤、威胁等方式，对受害者进行言语上的攻击。这种欺凌形式虽然没有直接的身体接触，但其造成的心理伤害同样深远，可能导致受害者自尊心受损、社交恐惧等问题。

3. 社交欺凌

表现为孤立、排斥、散布谣言、恶意造谣等，目的是破坏受害者在同学间的社交关系，使其感到孤独、被排斥。社交欺凌常常是隐蔽的，但其影响力广泛，能深刻影响受害者的社交自信和归属感。

4. 财物欺凌

包括抢夺、偷窃、故意破坏受害者的个人物品等，以此作为控制或羞辱对方的手段。财物欺凌不仅造成物质损失，也是对受害者个人边界的一种侵犯，引发其不安和恐惧。

5. 网络欺凌

随着互联网和社交媒体的普及，网络欺凌成为新兴且日益严重的问题。通过发布侮辱性言论、散播隐私信息、制作恶意图片或视频等方式，在网络平台上公开或私下对受害者进行攻击。网络欺凌的特点是范围广、匿名性强、持续时间长，给受害者带来很大的精神压力。

二、大学校园欺凌的特点及产生的原因

1. 大学校园欺凌的特点

1）隐蔽性增强

大学校园空间广阔，学生自主性高，欺凌行为常发生在难以监控的私人空间或网络虚拟世界，如社交媒体、论坛、聊天群组等，这些平台为欺凌者提供了匿名发表攻击性言论、传播不实信息的便利，使欺凌行为更加难以被发现和追溯。同时，受害者可能因为担心名誉受损或隐私泄露而选择沉默，进一步增强了欺凌行为的隐蔽性。

2）形式多样化

在大学环境中，欺凌不再局限于直接的身体暴力，更多体现为心理和社交层面的压迫，如孤立、排挤、散布谣言、网络诽谤、学术成果的盗用或篡改等。这些非直接的欺凌方式往往更难界定和证明，给受害者带来持久的心理压力，影响其适应社会和自我价值感的实现。

3）心理影响深远

大学生正处于形成独立人格的关键时期，欺凌带来的精神伤害尤为深刻。长期的心理压力可能导致受害者出现抑郁、焦虑、自卑、社交障碍等问题，影响学业成绩，甚至产生自杀念头。此外，心理创伤的长期效应可能延续至毕业后的职场生活，影响个人的职业发展和社会融入。

4）参与主体复杂

大学校园内，欺凌行为可能涉及学生之间、学生与教师、甚至是学生与行政管理人员之间的关系。权力不对等、学术等级制度等因素可能导致权力滥用，形成欺凌的复杂网络。此外，校园亚文化、社团内部的"入门仪式"等也可能演变为变相的欺凌行为。

5）自主应对倾向

大学生较之中学生更为独立，倾向于依靠自我解决冲突，可能因面子问题、害怕影响人际关系或担心未来前景受损而不愿意向校方或家人报告欺凌事件，这不仅延误了处理时机，也可能使欺凌行为得以持续和加剧。

2. 大学校园欺凌产生的原因

1）竞争压力增大

大学生活伴随着激烈的学术竞争、社会地位争夺和就业压力，高强度的竞争环境促使一些大学生采用非正当手段以求胜出，包括通过欺凌弱者来确立自己的地位或减少竞争对手。

2）价值观多元化

大学汇聚了来自不同地域、文化、家庭背景的学生，多元的价值观和生活方式在交流碰撞中易产生误解和冲突，在缺乏有效沟通和相互尊重的情况下，可能演变成排斥和欺凌行为。

3）家庭教育缺失

家庭是个人性格形成的第一课堂，一些学生因从小缺乏正确的人际交往教育、道德教育，或是在过度保护、溺爱的环境中长大，进入大学后难以适应集体生活，易形成自私、冷漠的性格，对他人缺乏同情心和尊重。

4）网络文化影响

互联网的匿名性、即时性以及部分网络内容的暴力倾向，对大学生的价值观和行为模式产生影响。网络上的负面信息、暴力游戏、仇恨言论等可能激发部分学生的攻击性，将其带入现实生活中之后，加剧校园欺凌现象。

5）制度与监管不足

尽管多数高校已意识到校园欺凌问题的重要性，但在制度建设和执行上仍存在缺陷。如举报机制不健全、处理流程烦琐、处罚力度不够、缺乏专业的心理咨询和干预团队等，这些问题导致欺凌事件得不到及时有效处理，欺凌者得不到应有惩罚，进一步纵容了欺凌行为的滋生。

三、大学生防范校园欺凌的措施

防范校园欺凌

从大学生自身角度出发，防范校园欺凌主要聚焦于个人意识提升、能力培养及积极应对策略，具体措施如下。

1. 增强自我意识与自保能力

（1）自我认同与自信培养：强化自我价值认知，认识到每个人都是独一无二且值得尊重的。通过积极自我肯定、参与个人感兴趣的活动等方式增强自信心，减少成为欺凌目标的机会。

（2）情绪管理与压力调适：学会合理管理情绪，面对挑衅或负面评价时保持冷静，不轻易被激怒或反应过激。通过运动、冥想、艺术创作等方法有效缓解学习和生活的压力。

（3）身体素质提升：适当的体育锻炼不仅可以增强体质，还能提升自我保护能力。学习基本的自我防卫技巧，增加在面对身体欺凌时的应对能力。

2. 提升社交技巧与人际交往能力

（1）学会有效沟通：掌握积极倾听与清晰表达的能力，学会在冲突中理性对话，避免误会升级。在遇到不同意见时，能够平和且坚定地表达自己的立场。

（2）建立积极的人际关系：主动结交志同道合的朋友，加入兴趣小组或社团，形成正面的社会支持系统。良好的人际关系网可以提供情感支持，也是遭遇困难时求助的重要资源。

（3）识别并远离不良人群：学会辨别和远离那些习惯使用负面手段影响他人的人。在发现某些人或团体的行为不当时，要勇于划清界限，必要时减少接触或断绝往来。

3. 提升网络素养与自我保护机能

（1）谨慎网络言行：在网络上发布内容前仔细考虑，避免分享过于私密的信息，不参与或传播负面言论，维护良好的网络环境。

（2）应对网络欺凌的措施：熟悉社交媒体平台的隐私设置和举报功能，遇到网络欺凌时及时截图保留证据，并向平台或相关部门举报。必要时，寻求法律援助。

4. 积极求助与心理调适

（1）勇于求助：遭遇欺凌时，不要独自承受，应及时向信任的朋友、家人、辅导员或学校专门机构求助。明白寻求帮助是勇敢的表现，而非软弱。

（2）心理健康关注：认识到遭遇欺凌可能带来的心理创伤，主动寻求专业心理咨询师的帮助，学习应对策略，促进心理恢复与成长。

大学生自身防范校园欺凌，核心在于自我提升与积极行动。通过增强内在力量、优化社交环境、提升网络素养及适时求助，可以在复杂多变的校园生活中更好地保护自己，营造一个健康、安全的学习与生活环境。

四、大学生打架斗殴的特征

在校大学生之间的肢体冲突通常被称为高校中的打架斗殴现象，这种事件往往具有一些特定的特点。

（1）起因通常较为简单：大学生来自不同地域，聚集在校园中共同生活。在共同学习、生活的过程中，同学之间可能会因为一些小事产生摩擦，例如在图书馆占座、食堂排队时的插队行为，或是情感纠葛等。如果这些小摩擦没有得到妥善解决，就可能升级为肢体冲突。

（2）往往涉及群体参与：大学生在远离家乡的环境中，会基于宿舍、同乡关系或学生会等组织形成非正式的小团体。这些团体在某些情况下可能会发展出一种"共同进退"的义气，一旦某个成员遇到问题，其他成员可能会集结起来，采取暴力手段来解决问题，导致事件迅速演变成群体性的打架斗殴。

（3）后果可能极为严重：打架斗殴的后果通常非常严重，很可能造成重大的身体伤害甚至危及生命。此外，打架斗殴行为一旦触犯法律，不仅学业可能受到影响，更重要的是，个人可能会失去宝贵的自由，面临法律的严厉处罚。

五、大学生打架斗殴的危害

（1）身体伤害：打架斗殴首先带来的是直接的身体伤害，轻则造成皮外伤、淤血或骨折，重则可能导致严重的内伤甚至死亡。这些身体上的伤害不仅影响学生的身体健康，还可能留下长期的健康问题。

（2）心理创伤：参与打架斗殴的学生不仅可能对他人造成伤害，自身也可能遭受心理创伤。恐惧、内疚、羞耻等负面情绪可能长时间困扰参与者，影响其心理健康和情绪稳定。

（3）学业影响：打架斗殴事件往往会分散学生的注意力，影响其学习状态和学业成绩。在严重的情况下，学生可能因为事件的处理而长时间无法专注于学业，甚至导致学业中断。

（4）法律后果：打架斗殴可能触犯法律，承担相应的法律责任。轻则可能面临罚款、警告，重则可能被判刑入狱。这些法律后果不仅影响学生的个人前途，也会给家庭带来沉重的负担。

（5）社会信誉损失：大学生打架斗殴事件一旦被公开，会严重影响个人的社会信誉和形象。这不仅会影响学生在校园内的人际关系，还可能对其未来的就业和社会生活造成不利影响。

（6）家庭关系紧张：学生参与打架斗殴，会给家庭带来极大的担忧和压力。家庭成员可能会因为担心学生的安全和未来而感到焦虑，这可能导致家庭关系紧张甚至破裂。

（7）校园安全环境破坏：打架斗殴事件会破坏校园的安全和和谐环境，影响其他学生的学习和生活。校园暴力事件的发生，会降低学生对校园环境的信任感和安全感。

（8）经济损失：打架斗殴可能产生医疗费用、法律费用等经济损失。对于学生本人及其家庭来说，这可能是一笔不小的经济负担。

（9）人际关系破裂：打架斗殴往往伴随着人际关系的破裂，无论是与当事人的关系，还是与旁观者的关系。这种破裂可能导致学生在校园中的社交网络受损，影响其社交能力和人际关系的建立。

（10）心理健康问题：长期的心理压力和负面情绪可能导致心理健康问题，如焦虑、抑郁等。这些问题如果不得到及时的干预和治疗，可能会对学生的整个人生产生深远的影响。

六、大学生打架斗殴的预防措施

1. 培养冷静克制的心态

在面对争执和冲突时，大学生应学会冷静思考，避免冲动的行为。记住"退一步，海阔天空"的道理，认识到退让并不是懦弱，而是一种智慧和气度的体现。在小事上各退一步，可以避免许多不必要的纠纷。

2. 共同营造文明和谐的校园环境

大学生应积极参与到文明校园的建设中来，通过使用文明用语如"对不起""不好意思"等化解潜在的冲突。同时，遵守校园规则，如按时就寝、排队等候、不乱丢垃圾等，这些文明行为有助于减少纠纷和冲突，共同营造一个和谐的校园环境。

3. 成为他人的"益友"

在朋友或同学面临争执时，作为"益友"的角色至关重要。益友是指那些能够在关键时刻提供正确引导和规劝的人，而不是那些煽动情绪、加剧矛盾的人。每个人都应该树立正确的价值观，帮助他人在面对纠纷时保持理智，舒缓情绪，这是预防打架斗殴的有效方式。

4. 强化法律和道德教育

学校应加强对学生的法律和道德教育，让学生明白打架斗殴的严重后果，包括可能受到的法律制裁和道德谴责。通过教育，提高学生的自我保护意识和法律意识。

5. 建立有效的沟通机制

学校应建立有效的沟通和调解机制，为学生提供解决矛盾和冲突的正规渠道。当学生遇到问题时，可以寻求学校相关部门的帮助，通过正规途径解决问题，而不是通过暴力。

6. 开展心理健康教育和辅导

学校应重视学生的心理健康，提供必要的心理健康教育和辅导服务。帮助学生学会管理自己的情绪，提高应对压力和解决问题的能力。

7. 强化校园安全措施

学校应加强校园安全管理，提高监控和巡逻力度，确保校园安全。对于可能引发打架斗殴的苗头，应及时采取措施，防止事态的进一步恶化。

【任务评价】

评价内容	评价指标	分值	自评（30%）	互评（30%）	师评（40%）	总评
策划创意与组织	活动主题、流程设计的新颖性，活动组织的效率	20				
教育内容	知识传递的准确性、实用价值，心理辅导的有效性	20				
宣传效果	宣传内容的覆盖度，学生的参与度	20				
反馈与评估	活动的影响，改进建议的可行性	20				
团队协作	团队沟通、互助情况	20				

工作任务 3.3
开展心理健康自助与互助活动

【任务描述】

举办一场心理健康主题讲座，并编写一份实用的心理健康自助手册，以提升学生心理健康意识与互助能力。

任务要求：在规定时间内，学习心理健康知识，策划一场主题讲座，同时制作手册，以实践和理论相结合，促进心理健康教育，记录活动过程，自我评估成果。

【任务实施】

开展心理健康自助与互助活动		
姓名：_____ 班级：_____ 学号：_____		
实施步骤	步骤说明	过程记录
1. 知识学习与策划准备	（1）学习大学生心理健康标准等理论知识； （2）小组探讨常见的心理问题表现、识别方法、互助技巧，并确定本次活动的具体主题方向与内容重点	
2. 活动设计与组织	（1）各小组确定本组讲座主题及主讲人； （2）制订讲座大纲，及讲座 PPT； （3）组织讲座，记录过程要点	
3. 宣传与手册编写	（1）确定手册编写大纲； （2）查阅网络、书籍等，编写手册内容； （3）优化调整手册内容	
4. 反馈与总结	（1）小组讨论讲座开展效果、改进建议； （2）小组交叉讨论手册质量及优化建议	

【知识储备】

大学生心理健康

一、大学生心理发展的特征

大学生心理发展是一个复杂且动态的过程，涉及认知、情感、个性和社会行为等多个维度的成熟与变化。其呈现的主要特征如下。

1. 自我意识的深化

步入大学阶段，学生开始更加深入地探索和自我定义。这一时期，他们不再仅仅依赖于家庭和学校的外部评价，而是主动寻求内在价值和个体身份的确认。大学生们倾向于反思个人信念、价值观和生活目标，努力形成独特的自我概念，这一过程有时伴随着身份认同的困惑与冲突，但也是个性成熟和独立的关键标志。

2. 认知能力的提升

随着受教育层次的提升，大学生的思维能力和认知复杂程度显著增强。他们能够进行抽象逻辑推理，批判性思考成为学习和解决问题的重要手段。这一阶段的学生倾向于分析问题的本质，他们不再满足于表层信息，而是追求深层次的理解和创新见解。记忆策略也从被动的机械记忆转向主动的理解记忆，逻辑思维与创造力的结合使他们能够高效地吸收和运用知识。

3. 社交技能的拓展

大学生活为学生提供了广泛的社交平台，促使他们发展更加成熟的人际交往能力。大学生学会在多样化的群体中建立和维护人际关系，包括朋友、师生及潜在的职业网络。这一过程中，他们面临的社交挑战促进了沟通技巧、团队合作能力以及冲突解决策略的提升，有助于形成健康的社会支持系统和良好的社交适应性。

4. 心理健康的挑战与成长

大学生活虽充满机遇，但也伴随着前所未有的压力和挑战，如学业负担、未来规划的不确定性、人际关系的复杂性等，这些因素可能导致焦虑、抑郁等心理健康问题。然而，这一时期也是培养心理韧性和应对策略的关键时期。大学生通过学习压力管理、情绪调节和自我关怀，可以增强内心的力量，促进心理适应与成长。

5. 价值观和信念的确立

随着知识的积累和人生经验的丰富，大学生在这一阶段对世界有更广阔的视角和深入的理解，开始形成或重新评估个人的道德观、世界观和价值观。他们可能参与更多关于社会正义、文化差异和全球议题的讨论，通过思辨和实践来明确个人立场，这些过程对形成稳定的信念体系至关重要。

二、大学生心理健康的标准

1946年，第三届国际心理卫生大会首次具体界定了心理健康的标准，包括身体、智力和情绪的和谐统一；在社会环境中能够相互谦让、和谐相处；拥有幸福感的感受能力；以及在职业活动中能够充分施展个人能力，过上有效率、有成就感的生活。随着社会进步和研究的深入，各国学者，特别是我国学者，从更宽泛的视角出发，如社会规范遵守程度、生活适应能力、心理成熟度等，进一步细化和完善了心理健康的标准体系。

1947年，世界卫生组织（WHO）对健康的定义，突破性地涵盖了身体、心理和社会适应三个维度，明确指出健康不仅仅是免于疾病或体弱的状态，而是包括了心理和社交层面的完全健康。这一定义的提出，不仅将心理健康提到了与身体健康同等重要的地位，还为后续心理健康标准的制定奠定了理论基础。

针对我国当代大学生这一特定群体，结合其生理、心理及社会环境的独特性，大学生心理健康的标准主要包括以下几点。

1. 积极主动的学习动力与能力

大学作为知识探索和专业技能累积的关键时期，大学生应当展现出对学习的浓厚兴趣，不仅能够积极参与学习活动，还能自主探索，不断深化对专业知识的理解与应用。这种持续的学习热情和自主学习能力，是增强个人竞争力、实现社会价值的基石，也是心理健康的重要体现。

2. 成熟稳健的自我认知与接纳

自我认知的成熟度是心理健康不可或缺的一部分。大学生应当具备客观、全面认识自我的能力，即了解自己的优势与不足，并在此基础上建立积极、合理的自我评价体系。同时，接纳自我，包括承认并理解自己的不完美，是心理健康的关键步骤，它促使个体能够自尊自爱，进而延伸至对他人的理解和尊重。

3. 有效的情绪调节与积极心态的维持

情绪管理能力是衡量心理健康水平的重要指标。这不仅意味着大学生应能识别并适当表达自己的情绪，更重要的是，在遇到挑战或逆境时，能主动采取措施调整负面情绪，如通过运动、冥想等方式缓解压力，避免长时间陷入消极情绪，从而保持一种积极向上、乐观开朗的心态。

4. 构建和谐的人际关系与有效沟通

基于人是社会性动物的属性，良好的人际关系与沟通技巧对于大学生的心理健康至关重要。这要求他们不仅要乐于与人交往，更要善于倾听和表达，通过真诚、尊重的交流建立信任，促进自我效能感的提升。在人际互动中展现出的谦让与合作精神，是心理健康的重要体现。

5. 灵活的环境适应力与应对策略

适应力是心理健康的一个重要方面，它不仅仅局限于物理环境的适应，更涵盖了文化、社会规范、学习制度等方面的适应。大学生需要具备敏锐的环境感知力，能够迅速识别环境变化，并主动调整自己的行为、生活方式乃至思维方式，以积极的态度和策略应对校园生活、学习模式的变化，确保个人的心理状态、情绪管理及人际关系保持在健康水平。

6. 人格的全面发展与和谐统一

心理学认为，人格是个体稳定的心理特征的总和。心理健康的人，其人格特征应是有机统一、稳定且成熟的，体现在明确的自我意识、无内在冲突的自我认同，以及按照积极、进步的世界观、价值观指导行为，这种一致性与统一性是心理健康的重要标志。

7. 符合年龄特征的心理行为表现

心理健康的人在不同生命阶段会展现与之相匹配的心理行为特征。对于大学生而言，应能够展现出与其年龄段相符的认知成熟度，如理性思考、独立判断等；在情感表达上适度且适宜，避免情绪化或过分幼稚的表现；行为举止体现出一定的责任感和自主性，避免过度依赖，这些都是心理健康的直接反映。

三、大学生常见的心理问题

大学生常见的心理问题涵盖了多个层面，深入理解这些问题对于促进大学生心理健康至关重要。

1. 环境适应困难

初入大学，学生常面临生活环境、学习模式的巨大转变，由此产生的心理落差和适应难题尤为普遍。从高中阶段的严格管教到大学的相对自由，许多学生在时间管理、独立生活能力上感到挑战，可能产生孤独、迷茫或失落感。

2. 未来规划的焦虑

面对就业市场的激烈竞争和不确定的未来，大学生常因职业规划、学业成绩、未来发展等问题感到压力很大。这种对未来的过度担忧可能导致持续的心理负担，影响学习效率和日常生活。

3. 人际关系紧张

在多元化的人际交往中，大学生可能会遇到沟通障碍、社交恐惧、同伴排斥等问题，特别是来自不同背景的学生在价值观、生活习惯上的差异，容易引发误解和冲突，影响情绪稳定和社交信心。

4. 情感困扰

恋爱关系中的起伏、失恋的痛苦以及对爱情的渴望与现实的矛盾，常使学生陷入情感的漩涡，影响其心理健康。情感问题处理不当，可能引发抑郁、焦虑等情绪障碍。

5. 自我认同的探索与困惑

大学是自我探索的重要时期，但这一过程往往伴随着自我怀疑、自我评价过低、身份认同的危机。学生可能对自己的能力、价值、未来方向感到不确定，产生自我价值感的波动。

6. 学业压力与成就动机缺失

与高中相比，大学的学习自主性更高，缺乏外在约束可能导致部分学生学习动力不足，成绩下滑，进而产生负罪感、自我贬低等负面情绪。同时，对学习目标的模糊和对成功的定义不明，也可能引发学习动力的缺失。

7. 经济压力

经济条件的限制、助学贷款的负担、兼职工作与学业的平衡等经济因素，给部分大学生带来显著压力，影响其生活质量及心理健康状态，甚至产生自卑、焦虑等心理问题。

8. 情绪管理与心理韧性不足

面对上述种种挑战，部分学生可能缺乏有效的情绪调节策略和心理韧性，面对挫折时易产生情绪波动，如易怒、抑郁，难以自我恢复，影响心理健康和社交功能。

四、大学生心理健康的主要影响因素

大学生心理健康是一个复杂且多维的议题，其影响因素跨越个体内部特质、外部环境等多个层面，具体如下。

1. 遗传因素

虽然心理发展深受环境影响，但遗传因素在决定个体气质、神经敏感性等方面还是发挥着基础作用。家族中精神健康问题的历史可能预示着遗传风险，而生理健康状况不佳同样能间接影响心理状态，如慢性疾病导致的情绪低落或焦虑。

2. 社会文化环境

（1）宏观文化背景：随着社会的快速发展和竞争加剧，大学生面临着前所未有的压力，如就业难、学业竞争，这些压力若得不到有效管理，易引发焦虑和抑郁等心理问题。

（2）心理健康认知：社会整体对心理健康的认知不足，导致许多大学生在遭遇心理困扰时，因害怕社会偏见而不愿寻求帮助，进一步恶化了心理状况。

3. 教育与成长环境

（1）中学教育：中学阶段过度聚焦于学业成绩，忽视了对学生心理健康的培养，这种"分数至上"文化可能为大学阶段的心理问题埋下伏笔。

（2）高等教育环境：尽管大学通常较为注重心理健康教育，但资源分配不均、专业人员短缺等问题仍然存在，使得部分学生无法获得必要的心理支持和服务。

4. 家庭因素

家庭是影响个体心理健康的重要微观环境。父母的教养方式、家庭沟通模式、家庭经济状况和父母教育水平等因素，共同塑造了大学生的安全感、自我价值感和应对策略。和谐、开放的家庭氛围有利于心理健康发展，反之，则可能成为心理困扰的来源。

5. 突发事件与应激反应

突如其来的负面生活事件，如亲人离世、学业挫败、亲密关系破裂等，对大学生的心理健康构成重大挑战。这些事件往往触发应激反应，打破心理平衡，若缺乏有效的应对机制和心理干预，可能导致长期的心理创伤。

6. 个体差异

每个人的性格特质、价值观、应对策略等方面的差异，导致面对相同的外界刺激时，个体的心理体验和行为反应各不相同。比如，外向者可能在社交活动中获得心理支持，但也可能因情绪波动大而易于受挫；内向者虽在社交上显得保守，却可能在独处时拥有更深层次的自我反思和情绪调节能力。

五、大学生心理健康的应对措施

面对心理健康问题，大学生应当采取积极主动的策略，从自我认知、情绪管理、社交互动、学习生活平衡、专业求助等多个方面入手，以保证个人的心理健康。

笑一笑，没什么事情过不了

1. 增强自我认知与自我接纳

首先，建立正确的自我认知极为关键。大学生应定期进行自我反思，识别自己的情绪、兴趣、优点与不足。通过日记记录、情绪追踪或参加自我探索工作坊等方式，加深对自我的理解。接纳自己的不完美，认识到每个人的成长路径都是独一无二的，避免过度自我批评，培养自我同情心。当认识到自己在某些方面需要改进时，设定实际可行的目标，逐步提升自我。

2. 有效管理情绪

情绪管理是心理健康的重要组成部分。学会识别和命名自己的情绪，比如通过情绪卡片或情绪轮工具，有助于更清晰地理解自己的感受。当遇到负面情绪时，采取积极的应对策略，如进行深呼吸、正念冥想、有氧运动或参与喜爱的休闲活动以缓解压力。建立情绪支持系统，与信任的朋友或家人分享感受，也可以寻求专业心理咨询师的帮助。

3. 建立健康的人际关系

良好的人际关系是心理健康的重要支柱。大学生应积极参与班级、社团或兴趣小组活动，拓宽社交圈，培养团队协作与沟通能力。在与人交往中，学习倾听、尊重差异，建立健康的界限，学会拒绝，避免过度牺牲自我。

4. 合理规划学习与生活

平衡学习与生活对于维持心理健康至关重要。制订合理的时间管理计划，区分学习时间和休息时间，保证足够的睡眠和营养饮食。学习中遇到挑战时，寻求同学帮助或教师指导，避免拖延，分解大任务为小目标，逐步完成。同时，给个人爱好和放松活动保留时间，如阅读、旅行、艺术创作，以充实生活，缓解学业压力。

5. 主动寻求专业帮助

当自我调节不足以解决问题，或感到心理负担过重时，主动寻求专业帮助是非常必要的。高校通常设有心理咨询中心，提供免费或低成本的服务。专业的心理咨询师能提供个性化的指导和支持，运用认知行为疗法、情绪焦点疗法等多种技术帮助学生应对抑郁、焦虑等心理问题。同时，了解并利用线上心理健康资源，如心理健康 App、在线讲座和论坛，也是获取帮助的有效途径。

6.培养韧性与成长心态

培养心理韧性与成长心态对于面对挑战至关重要。将困难视为成长的机会，学会从失败中汲取教训，而不是自我否定。参与挑战性任务或志愿服务，提高解决问题的能力和自我效能感。记住，每个人在成长道路上都会遇到障碍，关键是学会适应、克服，最终实现个人成长与心理的成熟。

【任务评价】

评价内容	评价指标	分值	自评（30%）	互评（30%）	师评（40%）	总评
创意与内容	活动设计的创新性，内容是否贴近学生实际需求，能否引起共鸣	20				
宣传效果	宣传手册的吸引力，是否成功吸引目标群体的关注与参与	20				
执行质量	讲座的专业性、互动性、信息准确度，能否达到教育目的	20				
总结报告	活动记录的完整性，反思深度，对未来的指导价值	20				
团队协作	沟通效率、合作程度，是否充分发挥了团队成员优势	20				

项目四 财物安全篇——筑起财务与信息安全屏障

项目环节	项目内容
项目情境	请阅读以下两个案例。 案例一:"我的宿舍被盗了,丢了一台笔记本电脑,里面有很多重要文件,请您一定要帮帮我!"某高校学生焦急地来到当地派出所报案称。进入十月份以来,该大学南北校区男生宿舍陆续发生多起入室盗窃案,丢失数台笔记本电脑及部分现金。针对连续发生的校园盗窃案,当地警方立即行动,力争从速破案。 经查,嫌疑人刘某某,此前曾两次因盗窃罪被公安机关打击处理,一年半后于某监狱刑满释放。据其本人交代,因在外地打工时了解到大学宿舍门锁简陋,且许多学生为图方便,时常将宿舍钥匙留置于门框上,因此产生了借机盗窃的想法。 其多次利用自配钥匙及学生留在门框上方的钥匙进入学生宿舍进行盗窃,共窃得两部笔记本电脑、一部 iPad、一部手机、一部分现金还有学生身份证,涉案金额共计 12 000 余元。目前刘某某已被依法刑事拘留,等待他的必将是法律的严惩。 案例二:武汉某高校刘同学在学校门口被两名女青年拦住,称她们在香港读书,此次来武汉旅游,因银行卡被吞,想借用刘同学的手机打电话给她们在该校信息工程学院的网友。打完电话后,她们称网友不在,又向刘同学借银行卡,当场打电话给家人,让家人将钱打到刘同学的卡上。随后,她们又称晚上银行不能存钱,她们想去住酒店,需要押金 1 500 元,而且她们的家人也在电话中请刘同学帮忙。刘同学相信了,取来 1 000 元交给她们并抄下了她们的身份证号码。次日,刘同学感到情况不对,便到学校保卫处报案。经查,这两名女青年提供的身份证号码根本不存在(系伪造)。
项目要求	请完成以下思考与讨论。 1. 案例一中学生失窃的原因有哪些? 2. 你认为如何保障校园内个人的财产安全?如发生校园失窃,你将如何应对? 3. 案例二中学生被骗的原因是什么? 4. 你平时还遇到过哪些诈骗行为?如何避免校园诈骗的发生?
项目目标	**知识目标** 1. 理解个人财产安全的基本概念、理财规划及风险管理策略; 2. 熟悉当前常见的电信网络诈骗类型、诈骗手段及识别特征; 3. 深入了解校园贷的运作模式、潜在陷阱及对个人信用的长远影响; 4. 学习个人信息保护的重要性、常见信息泄露途径及防护措施。 **能力目标** 1. 能够根据自身情况,制订并实施有效的个人财物安全管理计划; 2. 提高对网络信息的辨别能力,能够安全地处理个人财务与敏感信息; 3. 能够在财务不安全或信息泄露时,迅速采取有效措施减少损失。 **素养目标** 1. 强化保护个人信息的责任感,养成安全上网的良好习惯; 2. 通过宣传减少他人被骗的风险,提高对社会的奉献意识; 3. 培养互帮互助的团队协作精神
项目实施	1. 案例一中学生失窃的原因。

续表

项目实施	2.保障校园内个人财产安全的措施，针对校园失窃的应对措施。 3.案例二中学生被骗的原因。 4.平时遇到的诈骗行为，避免校园诈骗的方法。
项目总结	请列举你在完成这个项目的过程中遇到的问题及解决办法

工作任务 4.1
设计个人财物安全防护计划

【任务描述】

制作一份个人财物安全管理手册，包含实用的财物保护指南、应对策略与案例分析，以提升个人的财务安全意识与自我防护能力。

任务要求：在规定时间内，学习财物安全管理知识，设计个人财物保护计划，汇编成手册（可以是电子版形式），记录学习过程并进行自我反思。

【任务实施】

<table>
<tr><td colspan="3">设计个人财物安全防护计划</td></tr>
<tr><td colspan="3">姓名：_____ 班级：_____ 学号：_____</td></tr>
<tr><td>实施步骤</td><td>步骤说明</td><td>过程记录</td></tr>
<tr><td>1.知识学习
与需求分析</td><td>（1）学习财物安全基本知识、诈骗类型、防盗技巧、网络购物安全、密码管理等；
（2）讨论个人财物安全须知、风险识别、常见问题等，确定手册内容重点</td><td></td></tr>
</table>

续表

实施步骤	步骤说明	过程记录
2. 计划制订	制订手册大纲，包括财物保护、网络安全、外出安全、应对诈骗方式等	
3. 内容编写与案例搜集	通过网络检索、查找图书内容等方式，按照既定的手册大纲完成编写工作	
4. 整理与反思	交叉审读手册内容，完成整理和优化，最后进行经验总结	

【知识储备】

财物安全

一、大学宿舍常见的盗窃方式

学生宿舍作为集体生活区域，常常因为人员流动性大、安全意识参差不齐而成为盗窃案件的高发地。以下是学生宿舍中常见的几种盗窃方式。

（1）顺手牵羊：这是最常见的一种盗窃方式。犯罪分子会利用宿舍成员疏忽大意的瞬间，趁机拿走放在显眼位置的物品，比如手机、钱包、笔记本电脑等。这通常发生在室友们短暂离开宿舍忘记锁门，或是物品随意放置在公共区域时。

（2）乘虚而入：当宿舍内无人且门未上锁时，窃贼会直接进入室内行窃。他们通常会系统地搜查宿舍内的抽屉、衣柜、床铺等可能藏有贵重物品的地方，目标多为现金、电子产品、首饰等价值较高的财物。

（3）溜门翻窗：如果宿舍的门窗没有妥善的安全防护设施，窃贼可能会选择从窗户悄无声息地潜入。特别是在低层宿舍，通过窗户进入成了一种常见的侵入方式。

（4）钓鱼：这种手法多见于夏季，窃贼利用长杆等工具，从窗户外面钩取晾晒的衣物或放置在靠近窗口的物品，有时甚至会尝试钩取桌面上的物品。

（5）撬门扭锁：对于一些安全性较差的门锁，窃贼会使用工具强行破坏锁具进入宿舍。这种方式较为粗暴，但对缺乏足够防护的门锁仍然有效。

（6）内部作案：有时候盗窃行为也可能来自宿舍内部成员或熟悉宿舍环境的人。他们利用对环境的了解和同学间的信任，更容易得手。

为了避免上述情况的发生，学生应该提高自我防范意识，学校也应加强宿舍区的安全监控和巡逻，共同营造一个安全的生活学习环境。

69

二、大学宿舍防止盗窃的措施

学生宿舍因其特殊性常成为盗窃事件频发的区域，尤其是在学生安全意识薄弱、门户管理不严的情况下，如未锁门、门锁易遭破坏、随意容留外来人员或钥匙管理不当等，都大大增加了失窃风险。鉴于校园盗窃案多以内部失窃为主，加强学生宿舍的防盗措施显得尤为重要。

（1）强化安全意识：树立自我与室友财物保护的责任感，提倡室友间相互关心，共同维护宿舍安全。

（2）贵重物品安全存放：鼓励使用银行卡存储现金，并设置复杂密码，避免使用简单重复数字、个人信息作为密码。贵重物品如手机、电脑等，非使用时应置于上锁的柜子内，低楼层宿舍更应注意睡前将贵重物品妥善收好，以防被从窗外钩取。

（3）证件与银行卡保护：重要证件及银行卡应分开放置，以防一并丢失后被他人冒名取款。避免透露银行卡信息，不轻易将卡借予他人使用。

（4）严格门禁制度：培养随手关门、钥匙不离身的习惯，不轻易外借。无论离开时间长短，务必锁门，低楼层宿舍还需注意关窗，确保安全。

（5）限制住宿人员：遵守校规，拒绝非宿舍成员留宿，以减少安全隐患，同时宿舍人员变动时及时更换门锁，确保钥匙不遗失或被滥用。

（6）警惕陌生人员：对宿舍区内举止异常的陌生人保持警觉，主动询问并及时向宿舍管理人员或安保报告。

三、大学宿舍发生盗窃案件后的应对方法

大学宿舍发生盗窃案件后，及时、有序、合理的应对措施对于恢复秩序、追回损失、防止再次发生具有重要意义。

（1）立即上报与报警：发现盗窃事件后，第一时间应保持冷静，不要触碰或移动现场物品，以避免破坏可能的指纹或其他物证。立即向学校保卫部门或拨打当地派出所电话报警，报告盗窃情况。同时，通知宿舍管理员或辅导员，以便学校层面采取相应措施。

（2）保护现场：在等待警方到来的过程中，确保不让更多人进入被盗现场，避免证据被无意破坏。如果必须进入，尽量减少移动，避免不必要的触碰，同时记录下现场的初始状态，拍照或录像作为证据。

（3）详细记录损失：回忆并详细记录被盗物品的种类、数量、品牌、型号、购买时

间、价值等信息。如果有购买凭证或序列号记录，一并整理提供给警方，这些信息对于追回失物至关重要。

（4）配合调查：警方到达后，详细、客观地描述事情经过，提供所有相关信息和线索，包括最近的宿舍访客情况、门窗状态、是否发现异常等。同时，提供任何可能的监控视频资料或目击者信息。

（5）心理疏导：盗窃事件可能会给受害者带来心理上的冲击和不安，学校应提供心理咨询服务，帮助受害者处理情绪，减轻心理负担。

（6）加强防范：事件过后，宿舍成员应共同讨论并实施更严密的防盗措施，如加强门窗安全、安装门锁、使用保险箱存放贵重物品、不在宿舍内存放大量现金、离开时确保锁门等。同时，学校应加强安全教育和宿舍区域的监控，举办防盗知识讲座，提高学生的自我保护意识。

（7）公告通知：通过学校公告、社交媒体或宿舍会议等形式，告知全校学生盗窃事件，提醒大家提高警惕，加强自我防范，同时收集更多可能的线索。

（8）后续跟进：保持与警方的沟通，了解案件进展，同时关注学校是否采取了进一步的安防措施。如果有必要，可以考虑参与或组织失窃物品的保险索赔程序。

四、校园内抢劫案件特点

（1）时间规律性：案件通常发生在夜晚，尤其是夜深人静、行人稀少的时候，如深夜或午休时段。学校开学期间，尤其是新生入学时，由于学生和家长可能携带较多物品，也是案件高发时段。

（2）地点隐蔽性：案发地点多选择在校园内偏僻、阴暗、人迹罕至的地方，例如树林、小山、湖边、远离宿舍区的教学楼周边、未照明的小路或者在建的建筑物内。

（3）目标特定性：抢劫的主要对象往往是那些携带贵重物品、单独行动的学生，比如晚自习后独自返回的、在隐蔽处谈恋爱的学生，以及可能因特殊情况滞留在偏僻地带的人。

（4）犯罪团伙性：有时犯罪分子会结伙行动，利用人数优势进行抢劫，使受害者很难反抗。

（5）针对性强：抢劫者往往会对容易下手的目标进行选择，如看起来防范意识较弱或身体条件不佳的学生。

（6）外地流窜作案比例增加：部分校园抢劫案件可能涉及外地流入的犯罪分子，增加了案件侦破的难度。

五、防范校园抢劫的措施

（1）隐藏贵重物品：不要公开显示或炫耀贵重物品，如手机、珠宝、高档电子产品等，确保它们处于不易被发现的位置，最好贴身携带。

（2）减少携带现金：外出时尽量减少携带现金，使用银行卡或其他电子支付方式更为安全。

（3）结伴同行：无论是白天还是夜晚，尽量与朋友一起行动，特别是在偏僻或人烟稀少的地方。

（4）避免独行偏僻地：尽量避免在夜晚或人少时独自前往昏暗、偏僻的区域，包括实验楼、图书馆周围或校园边缘地带。

（5）选择明亮路线：行走时选择照明良好、人流较多的路线，避免走捷径穿过无人区域。

（6）提高警觉：留意周围环境和人群，如果感觉有人跟踪，应迅速走向人群或光亮处，并大声呼救或打电话求助。

（7）自我防卫培训：参加自我防卫课程，学习基本的防卫技能和应对策略，增强自我保护能力。

（8）常备紧急联系方式：确保手机中有紧急联系人的信息，并熟悉校园安保部门的联系方式，必要时能迅速求助。

（9）避免固定模式：尽量变化日常行动路线和时间，避免让潜在犯罪分子预测到你的行动轨迹。

（10）提高安全意识：关注校园安全通知和警情通报，了解校园内的安全状况和高风险区域，时刻保持安全意识。

六、遭遇校园抢劫后的应对措施

（1）保持冷静：首先尽量保持镇定，控制情绪，避免激怒抢劫者，因为首要目标是保护自己的人身安全。

（2）服从合作：如果对方持有武器，不要试图抵抗，按照抢劫者的要求行动，将钱包、手机等财物交给他们，避免肢体冲突造成伤害。

（3）观察记忆：在保证安全的前提下，尽可能留意抢劫者的体貌特征（如身高、体型、面部特征、特殊标记、衣着等）、使用的武器种类、逃跑方向及使用的交通工具信息。

（4）安全报警：一旦脱离危险，立即向校园安保部门报告，并拨打公安报警电话110，详细描述发生的情况，提供抢劫者的特征信息。

（5）寻求帮助：如果在人群中，大声呼救或向周围的人求助，引起注意，这可能会吓退抢劫者。

（6）保护现场：如果条件允许，保护案发现场，等待警方到来，不要破坏可能留下的证据。

（7）心理疏导：遭遇抢劫后可能会感到害怕、不安，及时与亲朋好友沟通，或寻求学校心理咨询师的帮助，进行心理调适。

（8）总结教训：反思事件发生的原因，学习如何在未来更好地预防此类事件，如加强个人安全意识，避免夜间单独行动，使用校园安全应用等。

【任务评价】

评价内容	评价指标	分值	自评（30%）	互评（30%）	师评（40%）	总评
内容实用度	手册内容的实用价值、针对性，是否贴近校园实际	30				
结构与逻辑	手册内容层次的清晰度，是否便于理解和查阅	30				
设计与可读性	手册的视觉效果、易读性，对读者的吸引度	20				
反思结果	交叉审读的效果，反思经验的创新性	20				

工作任务 4.2
制作防范电信网络诈骗宣传材料

【任务描述】

制作一份防诈骗宣传海报或短视频，以提高大家对电信网络诈骗的警惕性与防范意识。

任务要求：在规定时间内，学习电信网络诈骗相关知识，设计并制作宣传材料，以创意海报或短视频的形式，展示理论与实践结合，记录制作过程，进行自我与团队互评鉴赏。

【任务实施】

制作防范电信网络诈骗宣传材料		
姓名：＿＿＿＿＿＿ 班级：＿＿＿＿＿＿ 学号：＿＿＿＿＿＿		
实施步骤	步骤说明	过程记录
1. 知识学习与调研	（1）学习电信网络诈骗类型、手段、识别技巧、预防措施等； （2）讨论诈骗案例及最新趋势、防范难点，确定宣传重点	
2. 创意策划	（1）主题定调：设计创意主题（如"智防骗术，守护你的数字生活"）； （2）海报（或视频脚本）设计	
3. 设计与制作	使用设计软件设计海报，或使用手机拍摄、剪辑视频	
4. 素材整合与审查	检查海报或视频，海报包括错别字、视觉效果等，视频包括流畅度、音质等	
5. 宣传与反馈	使用社交媒体或其他途径发布海报或视频，并搜集反馈信息进行经验总结	

【知识储备】

一、常见的校园诈骗形式

防电信诈骗——
这些全是套路

1. 网络购物诈骗

犯罪分子会在网络平台上设立虚假店铺，出售价格异常低廉的商品或不存在的服务，吸引学生购买。一旦款项支付，他们要么不发货，要么发送与描述严重不符的货物。此外，诈骗者还会通过假冒的购物退款流程，诱骗学生透露银行账户信息或点击含有木马的链接。

2. 录取诈骗

在升学期间，诈骗分子会冒充招生办公室工作人员，声称可以内部操作确保录取，但需要学生或家长支付一定的费用。这种诈骗利用了学生和家长对升学的渴望，最终导致钱财损失且并未获得录取。

3. 贷款诈骗

针对学生群体的资金需求，诈骗者提供看似便捷的贷款服务，实则包含高利贷、隐性收费、强制续贷等陷阱。一旦学生陷入，不仅债务迅速累积，还可能遭受暴力催收，严重影响生活和学业。

4. 网评信誉诈骗（刷单诈骗）

刷单诈骗者通常通过社交媒体、QQ群或微信群发布兼职信息，声称只需简单操作即可获得丰厚报酬。初期，诈骗者会让受害者尝到甜头，小额返利，随后逐步要求大额预付金，最终在受害者要求返款时消失。

5. 招聘诈骗

通过发布虚假的高薪职位信息，吸引急于找工作的学生前来应聘。在面试或录用过程中，要求支付各类费用，如服装费、培训费、体检费等，一旦收到款项，所谓的"雇主"便销声匿迹。

6. 冒充公检法、电信等单位诈骗

诈骗分子假冒警察、检察官、法官或电信工作人员，告知学生其身份被盗用或涉及某项犯罪活动，要求配合调查，通过恐吓、威胁等方式，诱导学生转账至"安全账户"。

7. 冒充客服退款

骗子会通过电话或短信，冒充电商平台客服，声称学生购买的商品存在质量问题或订单错误，需要退款，进而要求提供银行卡信息或验证码，实际上是盗取资金。

8. 校园贷相关诈骗

近年来，一些诈骗分子以"校园贷"为幌子，声称可以帮助学生注销不良信贷记录或解决贷款问题，但要求学生先转账或申请新的贷款以验证还款能力，从而实施诈骗。

9. 冒充熟人诈骗

利用社交媒体和通信软件的漏洞，冒充学生的朋友、同学或家人，编造各种紧急情况，如生病、事故等，声称急需用钱，诱使学生转账。

10. 不良校园贷和违法网络兼职

包括高利贷、裸贷等，以及要求学生从事非法网络活动的兼职，如点击诈骗链接、协助洗钱等。

11. 出租社交账号

诈骗者以租用账号赚取佣金为由，获取学生的社交账号后用于发布欺诈信息、传播恶意软件或进行其他非法活动。

12.考试泄题作弊

通过网络发布虚假的考试真题或答案，诱骗学生购买，结果往往是无效信息或根本不提供服务，甚至以此为由敲诈勒索。

13.兑换积分诈骗

发送短信或邮件，声称用户的积分即将到期，诱导点击链接登录虚假网站输入个人信息，从而盗取账号密码、银行卡信息等。

二、校园诈骗的特征

（1）冒充权威或信任关系。诈骗者常常冒充学校老师、行政人员、警察、银行客服、电商平台客服或学生熟悉的人，利用这些权威或亲密关系来降低受害者的戒备心。

（2）紧急或限时压力。制造紧急情境，如账户异常、家人急病、学业紧急、优惠即将截止等，迫使受害者在没有足够时间思考的情况下做出决定并快速付款。

（3）利益诱惑。通过提供异常优惠、高薪兼职、快速贷款审批、积分兑换大礼等难以抗拒的利益，吸引学生上钩。

（4）信息窃取与隐私泄露。诈骗过程中，要求受害者提供个人信息，如银行卡账号、密码、验证码以及身份证号码等，这些信息随后被用于进一步的诈骗或非法活动。

（5）隐蔽性强且技术手段先进。利用先进的技术手段，如伪基站、钓鱼网站、仿冒App、木马病毒等，使诈骗行为更加难以察觉，提高诈骗成功率。

（6）连锁反应式诈骗。一旦受害者上钩，诈骗者可能会提出更多要求，如要求支付额外费用、继续完成任务以解锁先前的款项，形成恶性循环。

（7）社会工程学技巧。利用人性的弱点，如贪婪、恐惧、同情心等，精心设计诈骗剧本，让受害者在不知不觉中步入圈套。

（8）难以追踪的支付方式。要求使用难以追踪的支付方式，如虚拟货币、预付费卡、第三方不正规支付平台等，使得资金一旦转移很难追回。

（9）针对性强。通过社交媒体、校园论坛等渠道收集学生信息，实施高度针对性的诈骗，使诈骗信息看起来更加真实可信。

（10）低风险感知。许多校园诈骗案件初看似乎风险很低，如刷单、出租账号等，让学生误以为即使受骗也不会损失太大，实则可能面临巨大的法律或财务后果。

三、防范校园诈骗的措施

1. 提高安全意识

主动参加学校、社区或在线提供的安全教育课程和讲座，关注新闻媒体关于最新诈骗手法的报道。了解诈骗的常见形式，如网络购物诈骗、冒充公检法、虚假贷款等，以及它们的特征和应对策略。

2. 个人信息保护

个人信息是诈骗者最常利用的工具。保护好个人信息意味着不在不安全的网站注册，不随便在社交媒体上公开个人数据，不回应索要个人信息的陌生来电或信息，不在公共场所随意透露个人信息。

3. 理性消费

培养根据自身经济能力合理消费的习惯，避免超出预算的冲动购物。对于"零首付""无息贷款"等营销诱惑保持高度警惕，认识到天下没有免费的午餐。

4. 核实信息源

面对任何请求，尤其是涉及金钱的，务必通过官方渠道验证信息的真实性。例如，如果接到自称是银行或警察的电话，挂断后自行拨打官方客服或报警电话进行核实。

5. 谨慎交友

在社交媒体和日常交往中，保持警觉，不轻信网络上的"好友"，特别是那些突然提出借款或投资建议的人。

6. 紧急响应

一旦发现诈骗迹象，立即停止与对方的一切联系，并向学校保卫处、辅导员或警方报告。保存所有与诈骗相关的证据，包括通话记录、短信、邮件等，以便调查。

7. 使用安全支付

在网上购物或进行交易时，优先考虑使用有第三方支付保护的平台，如支付宝、微信支付等，这些平台通常有交易保障机制，减少直接转账带来的风险。

8. 维护网络安全

定期更新电脑和移动设备的操作系统、浏览器和防病毒软件，不访问可疑网站，不点击不明链接，不下载来源不明的软件或附件，尤其是在邮件中收到的。

9. 团队互助

与同学、室友建立良好的交流机制，共享诈骗信息，互相提醒。创建或加入校园防诈骗小组，集体的力量有助于更快识别和应对新型诈骗手段。

10. 心理辅导

遭遇诈骗后，可能会有心理压力和自责感。学校的心理咨询服务中心提供专业的心理咨询服务，帮助受害者缓解情绪，重建自信，回归正常生活。

11. 参与反诈骗宣传

加入校园反诈骗志愿者行列，通过亲身经历或所学知识，参与制作宣传海报、撰写文章、组织讲座等，提升全校师生的防骗意识，共同构建安全校园文化。

防范校园诈骗是一个系统工程，需要学生、学校、家庭乃至整个社会的共同努力。通过持续学习、保持警惕、正确应对，可以大大降低成为诈骗受害者的可能性。

【任务评价】

评价内容	评价指标	分值	自评（30%）	互评（30%）	师评（40%）	总评
信息准确度	防骗知识的正确性、实用性，是否科学、有效传达信息	20				
创意与设计	海报或视频的创意性、视觉吸引力，是否新颖、独特	20				
技术运用	海报设计、视频制作软件操作熟练程度	20				
传播效果	受众反响情况，是否达到教育目的	20				
反馈与总结	用户意见情况，改进空间	20				

工作任务 4.3
抵制不良校园贷宣传海报制作

【任务描述】

制作一张富有创意、信息清晰、具有视觉冲击力的宣传海报，以提高大学生对不良校园贷危害的认识，引导学生树立健康消费的观念，远离非法借贷。

任务要求：在规定时间内，学习不良校园贷相关知识，设计并制作宣传海报，融合创意与教育意义，记录设计过程，并进行经验总结。

【任务实施】

	抵制不良校园贷宣传海报制作	
姓名：_____	班级：_____	学号：_____
实施步骤	步骤说明	过程记录
1. 知识学习与案例分析	（1）学习不良校园贷概念、常见手段、案例，以及相应的法律后果； （2）分析讨论不良校园贷识别技巧、受害者心理、防范措施	
2. 创意策划	（1）确立宣传主题：如"智选金融，远离非法校园贷"等； （2）设计海报元素：包括警示色系、符号、警示语等； （3）内容构思：包括不良校园贷的危害、案例、求助途径等	
3. 设计制作	按照上述策划方案，使用软件完成海报的设计	
4. 成品输出与宣传	（1）打印上述海报，或以电子版形式予以呈现； （2）校园张贴海报，或使用社交媒体进行线上推广	
5. 反馈与总结	（1）收集受众的观感及改进意见，对宣传效果进行评估； （2）总结经验	

【知识储备】

一、校园贷的概念

校园贷，是指面向在校学生群体提供贷款服务的金融活动，涵盖了从正规金融机构到网络借贷平台乃至一些非法私人借贷的广泛范畴。这类贷款通常以简便的申请流程、较少的资质要求吸引学生，用以满足他们的消费需求、教育培训、创业等资金需求。然而，校园贷市场中也存在着不少问题，包括部分非正规平台的高利贷、隐性费用、暴力催收以及诱导借款等不法行为，这些问题曾一度引发社会广泛关注。因此，政府相关部门已出台多项规定加强对校园贷市场的监管，要求建立监测预警机制，防范风险，并鼓励正规金融机构开发适合学生群体的信贷产品，以健康、合规的方式满足学生的合理资金需求，同时保护学生免受非法借贷的侵害。

二、校园贷的主要形式

1. 消费金融公司服务

这类公司专门为大学生提供分期购物及小额现金贷款服务。它们通常允许学生分期偿还购买的商品或服务费用，有的还提供少量现金提现服务，但需注意其中可能隐藏的高利率和额外费用。

2. P2P 贷款平台

早期，一些 P2P（Peer to Peer）贷款平台，专为大学生提供助学和创业资金。这些平台连接有资金需求的大学生与愿意投资的个人，但因监管收紧和风险控制问题，多数正规平台已暂停校园贷业务。

3. 线下私人贷款

这通常涉及民间借贷机构和个人放贷者，他们可能通过虚假宣传、高利率、阴阳合同、非法中介服务以及暴力催收等不正当手段进行操作，对借款大学生构成极大风险，甚至威胁其人身安全。

4. 银行机构产品

一些银行推出专门针对大学生的信贷产品，如招商银行的"大学生闪电贷"、中国建设银行的"金蜜蜂校园快贷"等。这些产品相对规范，利率透明，旨在满足大学生合理消费需求，但也需大学生量力而行，防止过度负债。

5. 电商平台信贷服务

如蚂蚁花呗、京东校园白条等，这些平台提供给大学生信用额度，允许他们在平台上分期购买商品，享受一定的免息期或低息分期还款方案，但逾期还款同样会产生较高的利息和信用影响。

三、校园贷的危害

（1）高利贷性质：许多校园贷的利率远高于法定上限，有的甚至是隐性高利贷，通过各种手续费、服务费、逾期罚款等方式变相增加借款成本，导致大学生最终需要偿还的金额远超本金。

（2）助长恶习与过度消费：校园贷的便捷获取容易诱使大学生形成依赖，助长其非理性消费习惯，如购买奢侈品、频繁旅游等，不利于培养健康的财务观念和消费习惯。

（3）沉重的还款负担：高额利息和附加费用使得许多借款大学生难以承担，导致债务累积，不仅影响学业，还可能拖累家庭，使整个家庭陷入经济困境。

（4）暴力催收带来的人身安全风险：一些非法校园贷机构在大学生无法按时还款时，会采取极端手段催收，包括骚扰、威胁、甚至暴力，严重侵犯大学生的人身安全和尊严。

（5）信息泄露与隐私侵犯：申请贷款过程中，学生往往需提交大量个人信息，不正规的贷款平台可能滥用这些信息，或将其出售给第三方，导致学生个人信息泄露和隐私遭受侵犯。

（6）影响信用记录：逾期还款不仅会产生更多费用，还可能影响学生的信用记录，对未来就业、申请房贷车贷等产生长期负面影响。

（7）法律风险：部分校园贷涉及非法集资、诈骗等犯罪行为，学生在不知情的情况下可能卷入非法活动，承担法律责任。

（8）心理压力：债务压力可能导致学生焦虑、抑郁等心理健康问题，影响学业表现和社会功能，严重时甚至危及生命安全。

四、校园贷的防范

打击非法校园贷

1. 树立理性消费观念

培养正确的价值观和消费观，避免盲目追求物质享受和跟风消费。学生应根据自己的实际经济状况合理安排支出，区分"需要"与"想要"，学会延迟满足，减少非必要消费。

2. 了解金融知识

通过正规渠道学习基础的金融知识，包括利率计算、个人信用体系、借贷合同等，以便识别合法与非法借贷，明白自己的权利和义务。

3. 使用正规渠道借贷

当确实需要贷款时，应优先考虑通过银行、信用社等国家认可的正规金融机构申请，这些机构通常有更严格的审核流程和透明的利率标准，能有效避免高利贷陷阱。

4. 谨慎对待个人信息

无论是线上还是线下，都应严格保护个人身份信息和财产信息，不轻易向他人透露，特别是在未经验证的借贷平台或不明链接上输入敏感信息。

5. 警惕各类宣传

对于承诺"低门槛、快速放款、无须担保"的借贷广告保持高度警惕，这些往往是不正规或高风险借贷的典型特征。了解并确认借贷平台的合法性，查看是否有相关营业许可和用户评价。

6. 制订预算和还款计划

在借贷之前，制订详细的预算计划，明确借贷目的和还款能力，确保借款不会影响到日常生活和学习。同时，设定合理的还款期限和计划，避免逾期。

7. 利用校内资源

当遇到经济困难时，应首先向学校寻求帮助，如申请奖学金、助学金或通过学校的勤工俭学项目获得经济支持。许多学校设有专门的资助部门，能提供正规且低息的贷款或补助。

8. 增强法律意识

了解与借贷相关的法律法规，如《中华人民共和国民法典》中关于借贷的规定，以及遇到借贷纠纷时的维权途径。若遭遇非法校园贷，如高利贷、暴力催收等，应及时向公安机关报案。

9. 参与防范教育

积极参与学校和社会组织举办的金融知识普及、防骗教育等活动，提升自我保护能力。同时，可以将学到的知识分享给身边的同学，共同营造健康的校园金融环境。

10. 建立紧急储备金

尽可能设立个人储蓄或紧急基金，以应对突发的经济需求，减少对外部借贷的依赖。

【任务评价】

评价内容	评价指标	分值	自评（30%）	互评（30%）	师评（40%）	总评
信息准确性	海报所传达内容的准确性、求助渠道的有效性等	30				
创意与设计	海报的创新性、视觉冲击力、信息清晰度	20				
教育效果	对目标群体的警示作用、吸引力	30				
团队协作	团队协作的效率，是否积极、主动开展沟通与合作	20				

项目五 生活安全篇——
建设绿色安全的生活环境

项目环节	项目内容
项目情境	请阅读以下案例。 2024年1月19日，某市市场监督管理局执法人员在当地某科技职业学院食堂检查时，发现该食堂消毒柜未接通电源，柜内放置的餐具水渍未干，食堂内工作人员直接从消毒柜中取出餐具给学生就餐。执法人员当场下达了《责令改正通知书》，责令该食堂2024年1月26日前改正违法行为并予以警告。2024年3月6日，执法人员对该学校食堂整改情况进行复查时，发现食堂未整改。 该市市场监督管理局依据《中华人民共和国食品安全法》第一百二十六条第一款第（五）项的规定，责令当事人改正上述违法行为并处罚款20 000元
项目要求	请完成以下思考与讨论。 1. 上述案例所出现问题的原因有哪些？ 2. 你能为本校的食品安全做哪些工作？
项目目标	**知识目标** 1. 理解食品安全标准、监管体系及主要风险因素； 2. 掌握食品安全问题的识别、评估方法等； 3. 学习常见疾病的传播机制、预防措施及日常用药的基本原则与注意事项； 4. 掌握心肺复苏、止血、包扎等基本急救技能，以及溺水事故的紧急处理流程。 **能力目标** 1. 能够有效实施食品安全问题调研，并撰写调查报告； 2. 能够策划并举办疾病预防相关的科普讲座； 3. 能够在模拟场景中正确执行急救操作； 4. 能够快速准确执行溺水事故救援程序，提高紧急情况下的应变能力。 **素养目标** 1. 增强对食品安全、疾病预防及溺水安全的重视，形成主动维护公共安全的意识； 2. 在面对紧急状况时，能迅速采取正确行动，保护自己和他人的生命安全； 3. 提升与团队成员有效沟通、共同解决问题的意识； 4. 保持对健康安全领域新知识、新技术的关注，提高主动探索、求知的意识
项目实施	1. 上述案例所出现问题的原因。 2. 自己能为本校食品安全所做的工作。
项目总结	请列举你在完成这个项目的过程中遇到的问题及解决办法

工作任务 5.1
探究食品安全问题并形成解决方案

【任务描述】

撰写一份详细的食品安全问题调查报告，包含现状分析、问题识别、案例研究、原因探讨及具体改善建议等。

任务要求：在规定时间内，学习食品安全知识，通过调查研究、案例分析，识别并设计解决方案，撰写报告，记录过程并总结经验。

【任务实施】

<table>
<tr><td colspan="3">探究食品安全问题并形成解决方案</td></tr>
<tr><td colspan="3">姓名：_____　班级：_____　学号：_____</td></tr>
<tr><td>实施步骤</td><td>步骤说明</td><td>过程记录</td></tr>
<tr><td>1. 知识学习与准备</td><td>（1）学习有关食品安全的基本概念、法律法规等；
（2）讨论食品安全问题及其影响因素等</td><td></td></tr>
<tr><td>2. 调查设计</td><td>（1）确定调查范围、对象（食堂、超市、食品供应商）等；
（2）确定调查方法，包括访谈法、网络调研法、数据收集法等</td><td></td></tr>
<tr><td>3. 数据收集与分析</td><td>（1）按照既定的调查方案开展实际调研；
（2）记录调研结果，并整理分析</td><td></td></tr>
<tr><td>4. 解决方案设计</td><td>针对分析的问题，提出改善措施、政策建议等</td><td></td></tr>
<tr><td>5. 报告撰写与反馈</td><td>将调查过程、分析结果形成报告</td><td></td></tr>
</table>

【知识储备】

一、食品安全的概念

食品安全是指食品在从生产到消费的整个过程中，必须保持无毒、无害状态，符合预期的营养要求，确保不对消费者构成任何急性、亚急性或慢性健康风险。这包括食品免受微生物、化学及物理污染，以及在种植、养殖、加工、包装、储存、运输和销售等各环节遵守国家规定的安全卫生标准，确保食品的质量与真实性，同时考虑食品的可持续性和环境保护，是一个涉及全产业链条的综合性概念。

二、校园食品安全问题的主要成因

食品安全

（1）管理不严格与监管不到位：部分学校食品安全管理体系不健全，缺乏明确的责任分配，管理制度执行不力，监管缺失或流于形式。这可能导致食品安全标准执行不严格，食品安全风险增加。

（2）食品采购与源头控制不严：食品原料采购环节把关不严，可能会引入不合格或存在安全隐患的食材，如过期食品、农药残留超标的蔬菜水果、未经检疫的肉类等。

（3）加工制作过程中的卫生问题：厨房环境卫生差，炊具、厨具清洁消毒不彻底，生熟食品混放导致交叉污染，加工人员个人卫生习惯不良，这些都是常见的食品安全隐患。

（4）食品储存与保质期管理不当：食品储存条件不当，如温度控制不准确，或未按要求分类储存，容易导致食品变质。此外，过期食品未及时清理也是常见问题。

（5）从业人员培训不足：食品加工人员缺乏必要的食品安全知识和操作技能培训，不了解食品安全法律法规和标准，导致操作不规范。

（6）设施设备与环境卫生不达标：食堂设备老旧、破损，无法达到应有的清洁和消毒效果，或者厨房、仓库等区域清洁不到位，存在积水、垃圾、灰尘等问题。

（7）外包管理问题：一些学校食堂外包给私人经营，但缺乏有效的监管和考核机制，导致食品安全标准降低，甚至出现经营者为降低成本而使用劣质食材的情况。

（8）学生食品安全意识薄弱：学生可能因缺乏食品安全知识，在校园内外购买不合规食品，如街边无证摊贩的食品，增加了食品安全风险。

三、校园食品安全问题的后果

校园食品安全问题可能导致一系列严重后果,这些后果不仅影响学生的健康,还波及家庭、学校乃至整个社会,具体如下。

(1)学生健康受损:最直接的影响是学生食用不安全食品后可能出现食物中毒、肠胃炎、过敏反应等症状,严重时可致住院治疗,长期而言可能留下慢性疾病,影响生长发育。

(2)心理影响:食品安全事件会让学生感到恐惧、不安,对学校食堂乃至整个校园环境失去信任,影响其心理健康,造成学习分心,甚至产生厌学情绪。

(3)家庭担忧与经济负担:学生因食品安全问题生病,家长需要承担额外的医疗费用,同时还担心孩子,造成家庭经济和情感上的双重负担。

(4)学校声誉受损:频繁发生的食品安全事故会严重损害学校的声誉,影响家长和社会对学校的信任,可能导致学生流失,招生困难。

(5)学校经济损失:学校可能面临赔偿、罚款,以及因整改和提升食品安全标准而产生的额外开支。同时,家长和社会对学校的支持减少,可能影响学校的资金来源和运营。

(6)社会不安与政府信任危机:严重的食品安全事件会引起公众恐慌,导致社会不稳定,引发家长和公众对政府监管能力的质疑,形成信任危机。

(7)法律诉讼与责任追究:受害者家庭可能会通过法律手段追究责任,引发诉讼,学校相关责任人可能承担法律责任。

四、大学生应对食品安全问题的措施

(1)学习食品安全知识:增强自我保护意识,了解食品安全基本知识、法律法规及营养健康原则,掌握识别食品安全问题的方法。

(2)谨慎选择食品源:优先选择信誉良好的商家和品牌,避免购买无生产日期、无质量保证、无生产厂家信息的"三无"产品。关注食品安全新闻,避免购买被曝光的问题食品。

(3)检查食品标签与包装:购买预包装食品时,仔细查看食品包装上的生产日期、保质期、成分列表、生产厂家等信息,确认有无质量认证标识(如 QS 标识)。

(4)合理存储食品:了解不同食品的正确存储方法,确保食品存放在干燥、通风、适宜温度的环境中,避免交叉污染。

（5）注重个人卫生：餐前洗手，保持个人卫生，使用清洁的餐具和厨具，减少病从口入的风险。

（6）适量购买与合理消费：尽量少买即将到期的食品，购买量根据实际需求决定，避免食品存放过久变质。

（7）食品安全举报：一旦发现食品安全问题，及时向校方、食品安全监管部门（如拨打12331举报热线）反映，保护自己和他人的权益。

（8）饮食习惯调整：减少加工食品的摄入，多吃新鲜蔬菜、水果和全谷类食品，尽量选择健康的烹饪方式，如蒸、煮、烤，降低油炸和过度加工食品的摄入比例。

（9）参与食品安全教育活动：积极参加学校或社区组织的食品安全知识讲座和其他宣传活动，提高自己的食品安全意识和辨别能力。

（10）加强自我保护措施：在外就餐，可以选择评价好、卫生条件佳的餐馆，留意食物的新鲜度和烹饪情况，必要时可提前接种相关疫苗，如肝炎疫苗，以预防可能的感染。

五、大学生饮食的注意事项

（1）均衡营养摄入：确保每日饮食中蛋白质、碳水化合物、脂肪、维生素和矿物质等营养素均衡摄入。例如，可以通过搭配肉类与蔬菜、全谷物与豆类等食物，来满足身体的全面营养需求。

（2）定时定量：建立规律的饮食习惯，尽量按时进餐，避免长时间空腹或暴饮暴食，维持血糖水平稳定，有助于保持精力充沛和情绪稳定。

（3）合理安排餐食结构：早餐要吃得丰富，午餐适当吃饱，晚餐则宜清淡且量不宜过多，以减轻消化系统负担，避免影响睡眠。

（4）控制零食与快餐：减少高糖、高盐、高脂肪的零食及快餐摄入，这类食品易导致肥胖、营养不良及各种慢性疾病。

（5）水分补充：保持充足的水分摄入，每日饮水量应根据个人活动量调整，一般建议男性不少于3.7升，女性不少于2.7升，包括饮品和食物中的水分。

（6）特殊营养需求：针对特定群体，如女性大学生，应特别注意铁质和钙质的补充，以防贫血和骨质疏松，可通过食用红肉、猪肝、绿叶蔬菜、奶制品等食物来获取。

（7）饮食文化适应：尊重并尝试多元化的饮食文化，但需理性选择，避免盲目追求时尚或异域饮食而忽视了营养平衡。

（8）提升自我烹饪技能：学习一些简单的烹饪技巧，在条件允许时自己动手做饭，既能控制食材的品质和卫生，也能根据个人口味和营养需求调整饮食。

（9）关注体重管理：合理控制饮食，结合适量运动，维持健康体重，避免过度节食或暴食带来的健康问题。

（10）心理健康与饮食：注意饮食与心理健康的关系，避免情绪性进食，合理利用食物改善心情，如摄入含有色氨酸的食物（如牛奶、香蕉）有助于放松心情。

六、导致食源性疾病的原因

（1）微生物污染：细菌（如沙门氏菌、大肠杆菌、金黄色葡萄球菌、李斯特菌）、病毒（如诺如病毒、轮状病毒）、寄生虫（如弓形虫、贾第虫）等微生物污染食物是最常见的原因。这些病原体可能在食物的生产、加工、运输或储存过程中进入食物，未经过充分加热或处理的食物被食用后可引起感染。

（2）化学污染：食物可能受到重金属（如铅、汞）、农药残留、兽药残留、食品添加剂过量或非法添加物（如甲醛、苏丹红）等化学物质的污染，摄入这些污染物可引发中毒反应。

（3）自然毒素：某些食物本身含有天然毒素，如未处理好的河豚、发芽土豆中的龙葵碱、霉变花生和玉米中的黄曲霉素等，误食或处理不当可导致中毒。

（4）过敏原：对特定食物成分（如坚果、海鲜、乳制品）过敏的人群，在不知情的情况下摄入这些食物，也可能出现过敏反应，严重时可致过敏性休克。

（5）交叉污染：在食品准备过程中，生食（如生肉、生海鲜）与熟食或即食食品接触，或者使用处理过生食的刀具、砧板等工具未经清洗消毒就用于熟食，可将病原体转移到原本安全的食品上。

（6）不当储存：食物在不适宜的温度下储存，如冷藏食物未达到足够低温，或室温下放置时间过长，易于病原微生物的生长繁殖。

（7）个人卫生不佳：厨师、食品加工人员或消费者个人卫生习惯不良，如手部未洗净，可直接将病原体带入食物中。

（8）水源污染：用于食品加工或灌溉的水源受到污染，也会间接导致食物中毒。

七、食源性疾病的症状

食源性疾病的症状多样，但主要集中在消化系统，通常在摄入受污染食物后的短时间内出现，但也有可能在较长时间后才显现。食源性疾病的一些典型症状具体如下。

1. 胃肠道症状

（1）恶心与呕吐：这是许多食源性疾病初期的常见症状，可能伴有强烈的不适感。

（2）腹泻：频繁的稀便，有时可伴有血丝或黏液，严重时可导致脱水。

（3）腹痛：通常是痉挛性的，可位于腹部任何位置，程度从轻微不适到剧烈疼痛不等。

（4）腹胀：消化不良或气体积聚导致腹部膨胀感。

（5）厌食：失去食欲，对食物的兴趣减退。

2. 全身性症状

（1）发热：体温升高，表明身体正在对病原体作出反应。

（2）头痛：可能是由于脱水或身体对毒素的反应。

（3）乏力：感觉虚弱，缺乏能量，活动耐力下降。

（4）肌肉痛或关节痛：部分食源性疾病可引起全身酸痛。

3. 特殊症状

（1）食物不耐受或过敏反应：特定食物引起的非感染性反应，可能仅限于消化道症状或伴有皮疹、哮喘等其他症状。

（2）急性胰腺炎：特定情况下，如大量饮酒或食用高脂食物后，可能出现持续性上腹部疼痛，可能伴发热。

（3）有毒动植物中毒：特定食物如河豚、毒蘑菇摄入后，可出现神经症状（如口唇、手指麻木）、视觉问题、呼吸困难、心悸等。

4. 其他症状

（1）口腔症状：如舌苔厚、口气大，可能与消化不良有关。

（2）皮肤反应：某些食源性疾病可引起皮疹、荨麻疹或其他皮肤变化。

（3）眼睛和结膜症状：在某些人兽共患传染病中，如口蹄疫，可能影响眼部。

八、预防食源性疾病的注意事项

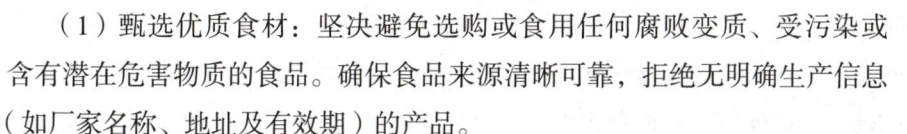

（1）甄选优质食材：坚决避免选购或食用任何腐败变质、受污染或含有潜在危害物质的食品。确保食品来源清晰可靠，拒绝无明确生产信息（如厂家名称、地址及有效期）的产品。

预防食物中毒

（2）优选正规餐饮服务：远离无证经营的流动摊贩及环境卫生不达标的餐饮场所。街头小吃虽诱人，但其质量与卫生状况难以保证，选择有良好信誉的餐饮服务，是维护健康的第一步。

（3）注重即食食品安全：对放置于常温下超过 2 h 的熟食及剩饭剩菜持谨慎态度，这类食物容易成为细菌滋生的温床，应避免食用以防止食物中毒。

（4）谨慎采食自然产物：野生植物（如野菜、野果）种类繁多，部分含有未知毒素，非专业人士难以准确辨识。为安全起见，避免随意采集食用，以免中毒。

（5）彻底清洗瓜果蔬菜：生食前，务必使用清水彻底清洗瓜果蔬菜，以消除可能附着的病原体、化学残留等，必要时去皮以进一步确保安全。

（6）饮用水安全：饮用水应选择清洁、安全的水源，避免直接饮用未经处理或煮沸的自来水。看似清澈的水仍可能含有致病微生物，煮沸是最基本的消毒方法。

（7）个人卫生习惯：餐前便后勤洗手，使用肥皂彻底清洁双手，有效阻断病菌通过手部传播的途径，是预防"病从口入"的关键。

（8）食品感官检查：在进食过程中，若发现食品色泽、气味、口感等感官性状异常，应立即停食，避免潜在的食品安全问题。

九、发生食源性疾病的处理方法

大学生发生食物中毒或其他食源性疾病后，应迅速、有序地采取一系列应对措施，以减轻症状、控制病情扩散，并确保患者及时获得医疗救助。

1. 紧急响应与报告

（1）立即停止食用可疑食品：一旦怀疑发生食物中毒，首先停止继续摄入可能有问题的食物。

（2）迅速报告：立即通知校医院或拨打医疗救护电话120，同时向辅导员、校方管理部门及当地卫生行政部门报告情况，以便启动应急机制。

2. 初步急救措施

（1）观察症状：记录并观察中毒者的症状，如恶心、呕吐、腹泻、腹痛、发热等。

（2）基本救护：根据症状轻重，可能需要进行一些初步救护，如帮助患者保持平躺，避免脱水，必要时给予适量的清水或电解质补充液。

3. 专业医疗介入

（1）就医指导：在等待救护车到来的同时，根据急救人员的指示，对患者进行初步处理，如催吐（非专业人士应在指导下进行）。

（2）送院治疗：确保所有疑似食物中毒的学生迅速被送往医院，由专业医护人员进行诊断和治疗。

4. 现场保护与证据留存

（1）保护现场：保留剩余食物、餐具、厨具等可能涉及的物品，以及患者的排泄物等样本，不要冲洗或丢弃，以便后续检测分析。

（2）样本采集：配合卫生监督部门采集食物样本、患者血液、尿液、呕吐物和粪便等，以确定病因。

5.信息沟通与心理支持

（1）信息通报：校方应及时、准确地向师生通报情况进展，避免谣言和恐慌。

（2）心理辅导：为受影响的学生提供心理咨询服务，帮助他们缓解紧张和恐惧情绪。

6.后续跟踪与预防

（1）追踪调查：配合卫生部门完成流行病学调查，查找中毒原因，以便采取针对性预防措施。

（2）健康教育：加强对学生的食品安全教育，提高他们的自我保护意识，预防未来类似事件的发生。

（3）改进措施：根据调查结果，学校应调整和完善食品安全管理体系，加强食品采购、储存、加工、销售等各环节的监控。

【任务评价】

评价内容	评价指标	分值	自评（30%）	互评（30%）	师评（40%）	总评
调查质量	数据收集的广度，案例分析的深度	25				
建议内容	调查结果中建议的创新性、可行性、针对性	25				
报告撰写	报告结构的清晰度、逻辑性	20				
团队协作	团队成员之间的沟通、协作效率	15				
反思质量	反思与总结的深度及创新性	15				

工作任务 5.2
组织疾病预防科普讲座

【任务描述】

设计一套完整的疾病预防科普讲座组织方案，包括活动策划、流程安排、宣传、执行细节，以及活动后的记录报告。

任务要求：在规定时间内，学习疾病预防相关知识，设计并执行一次疾病预防科普讲座，记录活动过程，进行反馈与总结。

【任务实施】

组织疾病预防科普讲座			
姓名：_____ 班级：_____ 学号：_____			
实施步骤	步骤说明		过程记录
1.知识学习与筹备	（1）学习安全用药、疾病预防知识等； （2）讨论确定讲座主题、目标听众、讲座重点等		
2.讲座策划	（1）确定讲座主题，如"流感预防与个人卫生习惯养成"； （2）邀请专家或校医院学生健康顾问等		
3.组织与实施	（1）预约、布置场地； （2）讲座过程记录，包括摄影、录音等		
4.反馈与总结	（1）记录参与者反馈内容，包括问卷、口头回答等； （2）团队讨论，总结经验		

【知识储备】

一、药物的概念

药物是指用于预防、诊断、治疗疾病或调节、恢复及维持人体生理功能的化学物质、生物制品或天然物质。它们通过作用于机体的特定部位或系统，影响细胞、组织或器官的功能，以达到预期的医疗目的。药物的使用基于对疾病的科学理解，旨在改善健康状况，缓解症状，或消除导致疾病的病原体。

药物主要有以下几方面的特征。

（1）治病的物品：能通过内服、外敷等方式使用。

（2）防治疾病：既包括治疗已发生的病症，也涉及预防的疾病。

（3）调节生理功能：有些药物旨在调整身体的正常生理过程，以达到保健或治疗的目的。

（4）不断发展变化：自古以来，人类就利用自然界中的各种物质来治疗疾病，药物的概念随着医学的发展而不断扩展。

二、常见药物种类

药物按其功能和用途大致可以分为四大类。

1. 预防药物

用于预防疾病的发生，如疫苗（预防麻疹、流感等）、抗疟疾药物等。

2. 诊断药物

辅助诊断疾病，如对比剂（用于增强影像学检查的显影效果）、诊断试剂盒等。

3. 治疗药物

用于治疗已经发生的疾病，主要包括以下几种。

（1）抗生素：用于治疗细菌感染。

（2）抗病毒药：用于对抗病毒感染。

（3）解热镇痛药：如阿司匹林、布洛芬，用于缓解疼痛和发烧。

（4）抗高血压药：用于控制血压。

（5）抗抑郁药和精神药物：用于治疗精神健康问题。

4. 康复保健药

用于促进身体健康、恢复生理机能或提高生活质量，包括维生素补充剂、矿物质补充剂、营养补充剂、中药调理品等。

三、安全用药的做法

1. 正确理解药物治疗目标

大学生在使用药物时，首先应明确自己的治疗目标是什么，理解药物是如何针对具体症状或疾病发挥作用的。这涉及根据个人的病情、年龄、性别、体重、肝肾功能等因素，选择最合适的药物和剂量。

2. 严格遵循医嘱

任何药物的使用都应在医生的指导下进行。大学生不应仅凭自我诊断或朋友推荐用药，因为即使是非处方药（OTC）也可能与其他药物相互作用或对特定人群有禁忌。

3. 深入了解药物信息

在用药前，应通过阅读说明书、咨询医生或药师，了解药物的药理作用、适应症、禁忌、副作用、相互作用等。特别是对于有过敏史的学生，更需警惕潜在的过敏原。

4. 个体化用药

鉴于个体差异，大学生在用药时要考虑自身的具体情况，如是否有其他慢性疾病、是否正在服用其他药物等，以避免不良反应或药物相互作用。

5. 避免自行停药与滥用

即使症状缓解，也应完成医生指定的完整疗程，避免因自行停药而导致疾病复发或产生耐药性。同时，不应盲目追求疗效而过量或使用多重药物。

6. 注意用药方法与时间

了解并遵守正确的用药时间（如空腹、饭后、睡前等），以及正确的服药方式（口服、外用、吸入等）。一些药物在特定时间服用效果更佳，且能减少副作用。

7. 合理管理药物

确保药物存放在干燥、避光的地方。对于过期或不再需要的药物，应按照环保和安全的方式处理。

8. 监测并报告不良反应

在用药过程中，密切观察自身反应，一旦出现不良反应，应立即停止用药并咨询医生，必要时就医处理。

9. 积极参与健康教育

参加学校或社区提供的健康教育活动，提高药物安全意识和自我保健能力，学会如何正确选择和使用非处方药。

10. 心理健康与药物使用

对于可能影响精神状态的药物，如某些抗抑郁药或镇静剂，使用时需格外谨慎，关注自己的情绪变化，并与心理健康专家保持沟通。

四、常见的药物不良反应及应对措施

药品不良反应

1. 消化系统不良反应

（1）症状：恶心、呕吐、腹泻、便秘、腹痛等。

（2）应对措施：调整饮食习惯，食用易消化食物，避免辛辣、油腻食物；可在医生指导下使用止吐药、止泻药或通便药；严重时需停药并咨询医生。

2. 过敏反应

（1）症状：皮疹、瘙痒、荨麻疹、喉头水肿、呼吸困难等。

（2）应对措施：立即停用可疑药物；轻微过敏可用抗组胺药物（如扑尔敏、氯雷他定）缓解；严重过敏（如过敏性休克）需紧急就医。

3. 神经系统反应

（1）症状：头晕、嗜睡、失眠、震颤等。

（2）应对措施：避免操作机械或驾车等需要注意力集中的活动；调整服药时间，如将易致嗜睡的药物安排在睡前服用；必要时咨询医生调整药物。

4.心血管系统反应

（1）症状：心悸、胸闷、血压升高或降低等。

（2）应对措施：监测血压和心率，如有异常应及时就医；避免剧烈运动和情绪激动；按医嘱调整药物。

5.肝肾功能损害

（1）症状：可能无明显体征，但长期可能导致疲劳、食欲不振、尿色深等。

（2）应对措施：定期检查肝肾功能；避免饮酒和使用对肝肾有害的物质；一旦发现异常，应立即停药并就医。

除上述明确的用药不良反应之外，一般的应对策略如下。

（1）及时报告：一旦出现不良反应，应立即停药并及时向医生报告。

（2）记录症状：详细记录不良反应的时间、特征和持续时间，以便医生评估。

（3）遵医嘱调整：根据医生的建议调整用药方案，可能涉及换药、减量或加用辅助药物。

（4）加强监测：在药物治疗期间，特别是使用新药或高风险药物时，应密切监测身体状况，必要时进行相关检查。

（5）生活方式调整：保持良好的生活习惯，如规律作息、均衡饮食，有助于减轻药物的不良影响。

五、传染病的概念及其特征

1.传染病的概念

传染病是一大类由病原微生物（如细菌、病毒、真菌、寄生虫等）引起的疾病，其特点是能够在人与人之间、动物与动物之间或人与动物之间通过特定的传播途径进行传播。传染病在历史上对人类社会造成了重大的健康威胁，但随着公共卫生的进步和医学科学的发展，许多传染病得到了有效的控制乃至根除。

2.传染病的基本特征

（1）病原体起因：传染病的起因是特定的病原微生物，它们能够侵入宿主的身体并在其中繁殖，引发病理反应。病原体的种类多样，不同病原体引起的疾病性质和传播方式也各不相同。

（2）传染性：这是传染病的核心特征，意味着疾病可以从一个个体传给另一个个体。传染性使得传染病能够在人群中迅速扩散，甚至形成疫情。

（3）传播途径多样：传染病可以通过多种途径传播，包括空气（如呼吸道飞沫传播的流感）、食物和饮用水（如霍乱）、接触（直接或间接，如通过被污染的物体）、血液（如通过输血或共用针头传播的艾滋病）、性行为（如艾滋病、梅毒）、垂直传播（母亲传给胎儿）等。

（4）存在潜伏期：从感染病原体到出现临床症状的时间称为潜伏期，这段时间内感染者可能无症状但仍然具有传染性。

（5）产生免疫力：许多传染病感染后，人体能够产生免疫反应，有的病原体感染后可获得终身免疫，有的则需要重复接种疫苗以维持免疫保护。

六、传染病的防控原则

传染病的防控原则主要包括以下三个方面，这是一套被广泛认可并应用于公共卫生实践的标准策略。

1. 管理（控制）传染源

（1）早发现、早诊断、早报告：及时识别传染病患者和携带病原体的隐性感染者，确保在出现症状或被确认感染后能迅速采取行动。

（2）隔离治疗：将确诊病例及疑似病例隔离，以防病原体进一步传染给他人。对于某些传染病，还需要对接触者进行追踪和必要的隔离观察。

（3）治疗与康复：对患者给予适当的医疗救治，促进其康复，并确保其在康复前不返回社区。

2. 切断传播途径：

（1）环境消毒：对患者居住或活动过的场所、使用过的物品进行彻底的清洁和消毒，消灭病原体。

（2）加强个人卫生：推广手卫生、戴口罩、咳嗽或打喷嚏时遮挡口鼻等个人防护措施，减少病原体的散布。

（3）避免聚集：在疫情严重时，可能需要限制公共集会，关闭学校或工作场所，以减少人际接触机会。

（4）确保食品和水源安全：确保饮用水和食品不受污染，对于通过食物或水传播的传染病尤为重要。

3. 保护易感人群：

（1）疫苗接种：接种疫苗是最有效的预防措施之一，可以为人群提供免疫力，预防疾病发生。

（2）增强免疫力：倡导健康生活方式，如适量运动、均衡饮食、充足睡眠，以增强机体抵抗力。

（3）特殊人群防护：对老年人、婴幼儿、孕妇及免疫系统较弱的人群采取额外的保护措施，如提供口罩、优先接种疫苗等。

（4）健康教育：普及传染病预防知识，提高公众自我防护意识。

七、各季节高发的传染病及其防治办法

1. 春季高发传染病及其防治办法

1）类型

（1）呼吸道传染病：如流行性感冒、麻疹、水痘等。

（2）其他传染病：手足口病等。

2）防治办法

（1）加强个人防护：减少前往人多的公共场所，佩戴口罩，勤洗手，保持个人卫生。

（2）注意饮食卫生：注意食物新鲜与安全，避免食用未煮熟的食物。

（3）疫苗接种：针对特定疾病如流感、水痘等，按时接种疫苗。

（4）增强体质：适量运动，保证充足睡眠，增强身体免疫力。

（5）隔离治疗：若感染，需及时隔离治疗，避免传染给他人。

2. 夏季高发传染病及其防治办法

1）类型

（1）肠道传染病：霍乱、细菌性痢疾、细菌性感染性腹泻等。

（2）蚊媒传染病：疟疾、登革热、乙型脑炎等。

（3）其他传染病：手足口病、麻疹、甲肝等。

2）防治办法

（1）饮食护理：保持饮食清淡，避免食用不洁食物，勤洗手。

（2）防蚊灭蚊：使用蚊帐、驱蚊剂，清理积水防止蚊虫滋生。

（3）注意卫生：勤洗澡换衣，避免到人群密集处。

（4）疫苗接种：及时接种乙脑、甲肝等疫苗。

（5）生活护理：合理安排作息，增强体质，使用空调时注意室内外温差，避免着凉。

3. 秋季高发传染病及其防治办法

虽然秋季不如春夏季节传染病高发，但仍需警惕流感等呼吸道疾病和一些肠胃疾病。其防治办法与春季类似，注重个人卫生，适时接种流感疫苗，注意保暖和饮食卫生。

4.冬季高发传染病及其防治办法

1）类型

（1）呼吸道传染病：流感最为显著，还包括流行性腮腺炎、水痘等。

（2）肠胃疾病：虽然不是高发季节，但家庭聚会增多，应注意食物安全。

2）防治办法

（1）接种流感疫苗：重点人群如老人、儿童、慢性病患者应及时接种。

（2）室内通风：定期开窗换气，减少病毒在室内滞留。

（3）保暖防寒：注意衣物增减，避免受凉。

（4）注意卫生习惯：保持个人和环境卫生，勤洗手。

（5）避免拥挤：尽量减少在人群密集场所的停留时间。

八、常见传染病类型

1.流行性感冒

1）概念

流行性感冒，简称流感，是一种由流感病毒（主要是甲型和乙型流感病毒）引起的急性呼吸道传染病。流感病毒具有高度传染性和变异性，能够快速在人际间传播，特别是在寒冷季节更为常见。流感病毒分为多个亚型，根据其表面的血凝素（H）和神经氨酸酶（N）蛋白的不同而分类，如H1N1、H3N2等。

2）典型症状

流感的症状通常比普通感冒更为严重，并且来势汹汹。典型症状包括以下几种。

（1）突然发作的高热，体温可达39 ℃～40 ℃。

（2）畏寒、寒战。

（3）头痛、头晕。

（4）全身肌肉关节酸痛、极度乏力。

（5）咽痛、干咳、鼻塞、流鼻涕、眼结膜充血。

流感预防

（6）少数患者可能出现消化道症状，如恶心、呕吐、腹泻等。

3）传播途径

流感病毒主要通过以下几种方式传播。

（1）飞沫传播：当感染者咳嗽、打喷嚏或说话时，释放出含有病毒的微小飞沫，其他人吸入这些飞沫时就可能被感染。

（2）直接接触：直接接触流感患者的分泌物（如握手后触摸自己的脸）。

（3）间接接触：接触被病毒污染的物体，然后通过手触摸口、鼻或眼睛。

（4）气溶胶传播：在某些情况下，如医疗操作过程中，病毒可以通过较小的颗粒在空气中悬浮较长时间，从而继续传播。

4）预防措施

（1）接种流感疫苗：这是最有效的预防措施之一，每年接种可以提供针对当年流行病毒株的保护。

（2）药物预防：对于高风险人群，可以在医生指导下使用抗病毒药物（如奥司他韦）作为临时预防。

（3）注意个人卫生习惯：勤洗手，使用肥皂和水或含酒精的手消毒剂；避免触摸眼睛、鼻子和嘴巴；咳嗽或打喷嚏时用纸巾遮住口鼻，然后丢弃并洗手。

（4）保持健康生活方式：保持良好的睡眠习惯，均衡饮食，适量运动，增强身体免疫力。

（5）环境清洁：定期开窗通风，保持室内空气流通；定期清洁和消毒常接触的物体表面。

（6）保持社交距离：在流感高发季节，避免密切接触生病的人，尽量减少去人群密集的地方。

2. 病毒性肝炎

1）概念

病毒性肝炎是指由多种不同的肝炎病毒引起的，以肝脏炎症为主要病变的一组传染病。常见的病毒性肝炎类型包括甲型、乙型、丙型、丁型和戊型肝炎，其中乙型肝炎和丙型肝炎是最为严重的类型，因为它们可能导致慢性肝炎、肝硬化和肝癌。

2）典型症状

大学生如果感染病毒性肝炎，可能会有以下典型症状，这些症状可能会影响其日常学习和生活。

（1）持续的疲劳感，影响学习精力和参与度。

（2）食欲下降，可能导致体重减轻和营养不良。

（3）腹部不适，特别是右上腹部疼痛，可能干扰集中力。

（4）黄疸，表现为眼白和皮肤变黄，这在学校环境中尤为显眼，可能产生社交隔离感。

（5）尿液颜色加深，粪便颜色变浅，这些细微变化也应引起注意。

3）传播途径

在校园环境中，病毒性肝炎的传播途径需特别关注。

（1）共用个人物品：如剃须刀、牙刷或指甲剪等，特别是在宿舍或合住环境中。

（2）不安全的餐饮习惯：集体食堂或外卖食物若卫生条件不佳，可能成为甲型和戊型肝炎的传播媒介。

（3）不安全的文身或穿孔：学生中可能流行的文身文化若操作不当，也有传播乙型、丙型肝炎的风险。

（4）亲密接触与性行为：大学生间的亲密行为可能促进乙型和丙型肝炎的性传播。

（5）体育活动中的意外伤害：虽然罕见，但血液接触也可能在体育比赛或训练中发生。

4）预防措施

鉴于大学校园的人群密集特性，预防病毒性肝炎尤为重要，具体的预防措施包括以下几方面。

（1）推广疫苗接种：鼓励学生接种甲肝和乙肝疫苗，尤其是对于高风险群体。

（2）健康教育：定期举办讲座和研讨会，提高学生对肝炎的认知及预防意识。

（3）加强个人卫生：强调勤洗手，以及使用个人洗浴和餐饮用品的重要性。

（4）确保环境卫生：加强学校食堂和宿舍的卫生监管，确保食品安全。

（5）医疗资源利用：鼓励学生利用校医资源进行健康检查，特别是国际学生或有高风险暴露史的学生。

3. 水痘

1）概念

水痘是一种高度传染性的急性病毒性感染疾病，主要由水痘带状疱疹病毒引起。这种疾病通常在儿童中较为常见，但也可能影响包括大学生在内的所有年龄层，尤其是那些未曾感染过水痘或未接种过水痘疫苗的个体。水痘表现为全身性的红色丘疹，随后发展为充满液体的小水疱，最后干燥结痂。

2）典型症状

水痘的典型症状包括以下几个方面。

（1）初期症状：发热、头痛、乏力和食欲不振等类似感冒的症状。

（2）皮疹发展：首先出现红色斑点，很快发展成痒感强烈的水疱，这些水疱最终会结痂。皮疹通常从躯干开始，逐渐扩散至面部和四肢。

（3）持续时间：皮疹的出现和发展过程大约需要一周左右，之后结痂并逐渐脱落，整个过程大约持续 2～3 周。

3）传播途径

水痘主要通过以下两种方式传播。

（1）呼吸道飞沫传播：当感染者咳嗽、打喷嚏时，病毒可通过空气中的飞沫传播给周围的人。

（2）直接接触传播：通过直接接触患者的疱疹液（水疱破裂后的液体）或与之共享未彻底清洁的个人用品（如毛巾、衣物）而传播。

4）预防措施

（1）接种疫苗：最有效的预防措施是接种水痘疫苗。大学生应确保自己完成了水痘疫苗的基础免疫程序，如果之前未接种或不确定是否接种，应咨询校医或当地疾控中心进行补种。

（2）健康教育：通过健康讲座、宣传册等形式提高学生对水痘的认识，了解其传播方式及症状，增强自我保护意识。

（3）加强个人卫生：强调日常的个人卫生习惯，如勤洗手，不与他人共用个人物品，特别是毛巾、床上用品等。

（4）环境清洁与通风：保持宿舍、教室和公共区域的清洁和良好通风，减少病毒在环境中的存留。

（5）采取隔离措施：一旦校园内发现水痘病例，应立即采取隔离措施，将感染者隔离至皮疹完全结痂，防止病毒进一步传播。

（6）监测与报告：学校应建立完善的晨检制度，及时发现疑似病例并迅速报告，配合卫生部门进行必要的流行病学调查和控制措施。

（7）避免密切接触：在水痘流行季节或有确诊病例时，减少不必要的聚集活动，避免与疑似或确诊患者密切接触。

4. 禽流感

1）概念

禽流感是由甲型流感病毒中的某些亚型引起的一种急性呼吸道传染病，主要感染鸟类，包括家禽和野生鸟类，但某些病毒株也能跨物种传播给人类，尤其是在人与感染禽类密切接触的情况下。人类感染禽流感后的症状可轻可重，严重时可能导致重度肺炎甚至死亡。

2）典型症状

禽流感感染人类后的典型症状类似于季节性流感，具体包括：发热、咳嗽、喉咙痛、头痛、肌肉或关节疼痛、呼吸急促、疲劳、咽痛、流鼻涕、眼睛发红。

在部分严重病例中，病情可能迅速恶化，引发肺炎、急性呼吸窘迫综合征、多器官衰竭等并发症。

3）传播途径

禽流感的主要传播途径包括以下几方面。

（1）直接接触：与感染禽流感病毒的活禽或其分泌物、排泄物直接接触。

（2）呼吸道传播：吸入含有病毒的飞沫或尘埃。

（3）食品传播：虽然较为少见，但食用未充分煮熟的感染禽类肉或蛋也可能导致感染。

（4）环境污染：接触被病毒污染的环境表面，如禽类市场的土壤或物体表面。

4）预防措施

（1）加强个人卫生：勤洗手，特别是在接触禽类或禽类产品后，使用肥皂和流动水彻底清洗双手。

（2）保证饮食安全：确保食用的禽肉及禽蛋类制品彻底煮熟，避免食用生或半生的禽类产品。

（3）减少接触：尽可能减少前往活禽市场或直接接触活禽的机会。

（4）注意个人防护：在需要接触禽类或处于可能污染的环境中时，佩戴口罩和手套，尽量避免触摸眼睛、鼻子和嘴巴。

（5）保持健康生活方式：保持良好的生活习惯，包括规律运动、充足睡眠、均衡饮食，以增强身体免疫力。

（6）环境清洁：保持宿舍和学习环境的清洁和通风，减少病毒在密闭空间内的停留。

（7）健康教育：参与学校组织的健康教育活动，了解禽流感的相关知识和最新疫情信息。

（8）及时就医：出现发热、咳嗽等呼吸道感染症状时，应佩戴口罩并及时就医，告知医生近期是否有禽类接触史或旅行史。

5. 甲型 H1N1 流感

1）概念

甲型 H1N1 流感，也称为猪流感，是由甲型流感病毒 H1N1 亚型引起的一种急性呼吸道传染病。这种病毒最初是在猪群中发现的，但能够跨物种传播给人类，甚至导致全球范围内的流行。甲型 H1N1 流感在 2009 年曾引起一次全球大流行，此后，它成为季节性流感病毒的一部分，每年都有可能在人群中传播。

2）典型症状

甲型 H1N1 流感的典型症状与普通流感相似，包括：发热或突然高烧（通常超过 38 ℃）、咳嗽（通常是干咳）、喉咙痛、头痛、肌肉或关节疼痛、疲劳、流鼻涕或鼻塞、偶尔可能出现呕吐和腹泻。

3）传播途径

甲型 H1N1 流感主要通过以下途径传播。

（1）飞沫传播：当感染者咳嗽、打喷嚏或说话时，释放出含有病毒的飞沫，周围的人通过口鼻吸入这些飞沫而感染。

（2）直接接触：直接接触患者的分泌物，如握手或接触被病毒污染的物体或表面后触摸自己的口、鼻、眼。

（3）间接接触：通过接触被病毒污染的物品或环境表面，然后手部没有正确清洁就触摸口鼻或眼睛。

4）预防措施

（1）接种流感疫苗：每年秋季接种流感疫苗，包括针对甲型 H1N1 的成分，是预防流感最有效的手段之一。

（2）加强个人卫生：经常用肥皂和水洗手至少 20 s，特别是在触摸公共物品或用餐前后；没有水和肥皂时，使用含酒精的手消毒剂。

（3）注意咳嗽礼仪：咳嗽或打喷嚏时用纸巾或肘部遮挡，避免用手直接捂嘴，之后立即丢弃使用过的纸巾并洗手。

（4）保持距离：尽量避免与生病的人近距离接触，特别是在他们咳嗽或打喷嚏时。

（5）保持健康生活方式：保持充足的睡眠，健康饮食，适量运动，以增强免疫力。

（6）宿舍和教室清洁：定期清洁和消毒宿舍、教室和其他公共场所，特别是高频接触的物体表面，如门把手、桌面和键盘等。

（7）健康监测：注意自身健康状况，一旦出现流感样症状，应立即戴口罩，并尽快就医，同时减少与他人的接触，避免传染给他人。

（8）教育与宣传：参与或组织关于流感预防的健康教育活动，提高自己和周围人的疾病预防意识。

6. 狂犬病

1）概念

狂犬病是一种由狂犬病病毒引起的急性、几乎总是致命的中枢神经系统感染疾病。这种病毒主要通过感染动物的唾液，经由咬伤或抓伤传播给人类。狂犬病一旦出现临床症状，几乎无药可治，因此预防变得尤为重要。

2）典型症状

狂犬病的病程通常分为三个阶段，其各个阶段的症状如下。

（1）前驱期：症状类似流感，包括发热、头痛、恶心、疲劳、不安和被咬伤部位的疼痛或感觉异常。

（2）兴奋期：随着病毒攻击神经系统，患者可能出现焦虑、激动、混乱、幻觉、痉挛、咽肌痉挛（恐水症，对水或其他液体的恐惧和吞咽困难）、过度分泌唾液和狂躁行为。

（3）麻痹期：晚期，患者进入昏迷状态，呼吸和心血管系统功能衰竭，最终导致死亡。

3）传播途径

（1）动物咬伤：这是最常见的传播方式，病毒通过感染动物的唾液进入受害者开放性的伤口或黏膜。

（2）抓伤或唾液直接接触：即使没有明显的咬伤，病毒也能通过破损的皮肤或黏膜进入人体。

（3）非典型传播：极少数情况下，通过气溶胶（如在蝙蝠洞穴中）、器官移植或母体传播给胎儿。

4）预防措施

（1）教育普及：提高对狂犬病的认识，了解哪些动物可能携带病毒，以及如何避免接触。

（2）避免接触野生动物：不尝试抚摸、喂食、收养流浪或野生动物。

（3）加强宠物管理：确保自己的宠物狗或猫按时接种狂犬疫苗，尤其是居住在狂犬病疫区的大学生。

（4）提升安全意识：在户外活动时，尤其是自然环境或乡村地区，避免接近不认识的动物，穿戴长袖衣物和长裤减少暴露风险。

（5）及时处理伤口：一旦被动物咬伤或抓伤，立即用大量肥皂和流动水冲洗伤口至少 15 min，随后立即就医，并告知医生被咬详情，以便评估是否需要接种狂犬疫苗和免疫球蛋白。

（6）疫苗接种：对于计划前往狂犬病高发地区的大学生，建议提前咨询医生并考虑接种预防性狂犬疫苗。

（7）支持校园政策：鼓励和支持学校制定或执行关于宠物管理的规定，以及提供狂犬病预防教育和资源。

7. 新型冠状病毒肺炎

1）概念

新型冠状病毒肺炎（简称"新冠肺炎"）是指 2019 新型冠状病毒感染导致的肺炎。新冠肺炎被世界卫生组织宣布为国际关注的公共卫生紧急事件，并引发了全球范围内的防控措施和疫苗接种计划。

2）典型症状

新冠肺炎的典型症状在不同病程阶段有所变化，主要可以分为三个阶段：初期或轻症阶段、重症阶段、恢复阶段。其各个阶段的症状如下。

（1）初期或轻症阶段。

①发热：这是最常见的早期症状之一，但并不是所有患者都会发热，而且发热程度不一，有的可能是低热。

②干咳：表现为频繁咳嗽，没有痰或痰量很少。

③乏力：感到异常疲倦，体力下降。

④轻微的呼吸道症状：如鼻塞、流涕、咽痛等。

⑤消化系统症状：部分患者可能伴有恶心、呕吐、腹泻等。

⑥非特异性症状：如头痛、肌肉或关节疼痛、喉咙痛、失去嗅觉或味觉等。

（2）重症阶段。

①呼吸困难：通常在发病一周后出现，表现为活动后气短或静息状态下呼吸急促。

②低氧血症：血液中的氧气含量降低，可能导致皮肤、嘴唇或指甲甲床呈现蓝紫色。

③胸闷、胸痛：由于肺部炎症加重，患者可能感到胸部不适。

④严重咳嗽：与初期相比，咳嗽可能加剧，且可能伴有痰。

⑤多系统损害：包括心脏、肾脏、肝脏等多个器官功能受损，可能出现心慌、少尿、黄疸等症状。

⑥意识模糊：重症患者可能出现神志不清或昏迷，这可能是大脑缺氧的表现。

⑦凝血功能障碍：表现为皮肤瘀斑、出血点或自发性出血。

（3）恢复阶段。

①长期症状：一些患者在急性感染期过后，可能会出现持续的疲劳、呼吸困难、认知功能障碍（如记忆力减退，集中注意力困难，常被称为"脑雾"）、肌肉或关节疼痛、心悸等。

②心理健康问题：部分康复者可能会遇到焦虑、抑郁等心理健康挑战。

3）传播途径

（1）呼吸道飞沫传播：通过感染者咳嗽、打喷嚏或说话时产生的飞沫直接吸入。

（2）密切接触传播：包括直接接触（如握手）和间接接触（通过触摸被病毒污染的物体后再触摸口、鼻或眼）。

（3）气溶胶传播：在封闭、不通风的环境中，病毒可通过微小的悬浮颗粒在空气中远距离传播。

4）预防措施

（1）接种疫苗：及时接种新冠疫苗并按要求完成加强针接种，这是最有效的预防方法之一。

（2）佩戴口罩：在人群密集或室内公共场所佩戴医用口罩或更高级别的防护口罩。

（3）保持社交距离：与他人保持至少 1 m 的距离，尤其是在人群聚集的地方。

（4）勤洗手：经常用肥皂和水洗手至少 20 s，或使用含酒精的手消毒剂。

（5）健康监测：每日自我监测体温和健康状况，出现症状时及时隔离并就医。

（6）减少聚集：避免不必要的聚会和大型活动，尤其是室内且通风不良的场所。

（7）注重宿舍卫生：保持宿舍和个人物品清洁，定期开窗通风。

8.艾滋病

1）概念

艾滋病是一种由人类免疫缺陷病毒感染引起的严重传染病。艾滋病目前虽无法根治，但通过抗病毒治疗可以有效控制病毒复制，延长患者寿命并提高生活质量。

2）典型症状

艾滋病的发展可分为四个阶段：潜伏期、急性感染期、无症状期和艾滋病期。其各个阶段的症状如下。

（1）潜伏期：虽已感染了艾滋病毒，但并无明显不适症状。

（2）急性感染期：感染后24周内，部分人会出现类似流感的症状，如发热、咽痛、淋巴结肿大、肌肉和关节疼痛、皮疹等，这些症状可能持续几周后自行消退。

（3）无症状期：此阶段可持续数月至数年，感染者可能无明显症状，但体内病毒仍在缓慢破坏免疫系统。

（4）艾滋病期：随着免疫系统严重受损，出现多种严重症状，包括：持续性发热或盗汗，体重急剧下降，持续性腹泻，反复发作的口腔或阴道念珠菌感染，持续性咳嗽，呼吸困难，皮肤感染，疱疹，记忆力减退，认知功能障碍；机会性感染，如肺孢子菌肺炎、结核病、弓形虫病等；恶性肿瘤，如卡波西肉瘤、非霍奇金淋巴瘤等。

3）传播途径

（1）性传播：这是最主要的传播方式，包括异性性行为和同性性行为。

（2）血液传播：通过共用注射器、文身器具、剃须刀等，或输入受污染的血液制品。

（3）母婴传播：感染此病的母亲可在妊娠、分娩或哺乳期间将病毒传给婴儿。

4）预防措施

（1）注重性教育与安全性行为：加强性健康教育，倡导安全性行为，正确使用避孕套。

（2）避免共用个人用品：不共用牙刷、剃须刀、注射器等可能接触血液的个人用品。

（3）拒绝毒品：避免使用静脉注射毒品，减少因共用针具而感染的风险。

（4）保持健康生活方式：保持良好的生活习惯，增强免疫力。

（5）支持与理解：建立对艾滋病的正确认知，消除歧视，提供心理支持给感染者或受影响的人群。

（6）参与防艾宣传：积极参与校园内外的艾滋病防治宣传活动，提高自身和他人的防病意识。

【任务评价】

评价内容	评价指标	分值	自评（30%）	互评（30%）	师评（40%）	总评
内容质量	讲座内容的准确性、实用性	30				
组织能力	活动组织的计划性、执行力	20				
宣传效果	活动面向受众的覆盖度	20				
现场互动性	讲座现场的氛围，观众反应情况	20				
反馈与总结	对问题反思的深度，经验总结的针对性	10				

工作任务 5.3
制作防溺水安全教育与急救技能手册

【任务描述】

编写一份《溺水安全与急救技能培训手册》，以提升学生的溺水安全意识及应对技巧。

任务要求：在规定时间内，通过学习溺水安全与急救知识，查阅网络内容且整理成手册，并进行优化讨论、经验总结。

【任务实施】

制作防溺水安全教育与急救技能手册		
姓名： 班级： 学号：		
实施步骤	步骤说明	过程记录
1. 知识学习与需求分析	（1）学习溺水安全知识、急救基本概念、自救技巧等； （2）分析校园溺水案例、学生需求、技能空白区等	

续表

实施步骤	步骤说明	过程记录
2. 手册内容策划	根据前期需求分析,撰写手册编写大纲,并确定人员分工	
3. 手册编排	各自按照分工完成对应内容的编写、排版,并由任务负责人完成统稿工作	
4. 反馈与总结	交叉审读各自编写的手册,并互相提出问题,反思与总结经验	

【知识储备】

一、溺水的概念

溺水,医学上称为淹溺,是一种在液态介质中发生的呼吸障碍紧急状况,其特征为呼吸道和肺泡被液体侵入,阻碍正常呼吸,导致窒息和全身缺氧。该过程不论最终个体存活或死亡,均被视为淹溺。溺水不仅直接影响呼吸系统,还可能引发一系列复杂病理反应,包括血液成分变化、电解质紊乱、脑水肿、肺水肿、急性肾损伤、心脏功能障碍等,并可能导致低氧血症、多器官功能衰竭等严重后果。及时救援与恢复呼吸功能对于溺水者的生存至关重要。

二、大学生常见的溺水原因

大学生溺水事件的发生通常涉及多方面的原因,一些常见的因素如下。

1. 游泳技术不佳

很多大学生虽然会游泳,但技术并不熟练,尤其是在面对突发状况时可能无法妥善应对。他们可能对水性了解不足,缺乏踩水技能,过分自信容易导致在遇到困难时无法自救。

2. 身体因素

包括晕厥、心脏病等突发性疾病,以及酒后游泳。酒精能降低人的判断力和反应速度,增加溺水风险。身体疲劳、健康状况不佳也会影响游泳时的安全。

3. 意外情况

如水中暗流、漩涡、水草缠绕、头部撞击或抽筋等,都可能让游泳者失去控制,特别是在野外或非游泳区域,这些不可预知的因素更加常见。

4. 安全意识薄弱

缺乏自我保护意识，追求刺激而不顾危险，如在没有救生员的水域游泳，忽视安全警告，或是不熟悉水域环境就贸然下水。

5. 准备不足

游泳前没有做好充分的热身准备，身体未能适应水温，导致肌肉痉挛或其他生理反应，增加了溺水的可能性。

6. 心理因素

紧张、恐慌等情绪在遇险时加剧，可能导致游泳者采取错误的自救措施，如盲目挣扎，反而加速体力消耗和溺水过程。

7. 环境因素

选择在非正规游泳场所，如水库、河流、池塘等，这些地方往往缺乏必要的安全设施和监控，增加了溺水的潜在风险。

三、溺水的危害

溺水是一个严重的公共健康问题，其后果不仅包括溺水事件发生时的即时效应，还可能涉及一系列短期和长期的健康影响。

1. 构成生命威胁

窒息与心脏骤停：溺水最直接的后果是呼吸道被水或其他液体阻塞，导致无法正常呼吸，进而引发窒息。缺氧迅速累积，可导致心脏停止跳动，若不立即施救，将迅速致命。

2. 呼吸系统损伤

（1）吸入性肺炎：即使溺水者被成功救起，已吸入的水分、污染物（如泥土、微生物）可能引发肺部感染，导致吸入性肺炎，表现为持续的咳嗽、呼吸急促、发热等症状。

（2）急性呼吸窘迫综合征：严重情况下，肺部受损可引发急性呼吸窘迫综合征，这是一种危及生命的疾病，表现为极度的呼吸困难，需要机械通气支持。

3. 中枢神经系统损伤

（1）脑损伤与脑水肿：由于大脑对缺氧极为敏感，溺水后即便恢复呼吸，也可能因缺氧时间过长而造成永久性的脑损伤。脑水肿，即脑组织肿胀，可压迫周围结构，导致颅内压增高，严重时可引发昏迷、甚至死亡。

（2）认知功能障碍：长期影响可能包括记忆力减退、学习能力下降、行为改变，甚至痴呆。

4. 导致循环系统并发症

（1）心律失常：溺水导致的心脏受损可能引起心律不齐，影响心脏泵血功能。

（2）心力衰竭：严重时，心脏因缺氧和压力过大而无法有效泵血，导致心力衰竭。

5. 出现多器官功能障碍

（1）急性肾损伤：长时间的全身缺氧可损伤肾脏，影响其过滤废物的能力。

（2）消化系统问题：如胃扩张、呕吐等，部分原因是溺水时吞咽大量水分。

（3）电解质紊乱：淡水和海水溺水对电解质平衡的影响不同，但均可导致体内钠、钾、氯等离子浓度异常，影响神经和肌肉功能。

6. 产生长期心理影响

心理创伤：溺水幸存者可能经历创伤后应激障碍、恐惧水体、焦虑、抑郁等心理问题，影响日常生活和社交能力。

7. 出现其他可能的并发症

（1）肌肉骨骼伤害：溺水时的挣扎可能导致肌肉拉伤、关节扭伤甚至骨折。

（2）水中毒：特别是淡水溺水，大量水分进入血液循环可稀释血液中的电解质，引发低钠血症，严重时可致死。

四、遇到溺水的应对措施

溺水救援

面对溺水事故，及时、有效的应对措施是挽救生命、减轻伤害的关键。具体措施如下。

1. 保持冷静，快速评估

（1）形势观察：首先，保持冷静至关重要。迅速观察溺水者的位置、状态以及周围环境。评估是否直接下水，还是可以通过抛掷救生设备来施救。

（2）求助：立即大声呼喊求助，指定某人拨打紧急电话（如120等），并通知附近有救生技能的人士参与救援。

2. 使用辅助工具救援

（1）优先选择利用手边的任何漂浮物，如救生圈、充气玩具、树枝或衣物等，向溺水者投掷，减少直接接触的风险。

（2）在确保自身安全的前提下，尽量远距离实施救援，避免两人同时遇险。

3. 紧急呼叫与调度

拨打紧急电话时，清晰说明溺水地点、人数、大致年龄和状况，以及任何特殊需求，如需要水上救援队或直升机救援。

4. 直接救援技巧

（1）仅在受过专业训练的情况下直接下水施救。

（2）从溺水者背后接近，避免正面接触，减少被溺水者因恐慌抓抱的风险。

（3）用手臂环抱溺水者腋下或使用其他稳定技术，保持其头部露出水面。

（4）以最安全的方式将溺水者带回岸边，尽量避免自己体力耗尽。

5. 初步急救措施

（1）检查生命迹象：上岸后，立即检查呼吸和脉搏，无反应则使用心肺复苏术。

（2）呼吸道管理：在进行心肺复苏术前，迅速清理溺水者口腔内的异物，确保呼吸道畅通。

（3）恢复体位：如果溺水者有呼吸，将其放置在稳定侧卧位，防止呕吐物吸入。

6. 专业医疗介入

（1）紧急转运：无论溺水者表面看起来恢复得如何，都应尽快送往医院进行全面检查，以排除潜在的并发症。

（2）详细说明：向医护人员详述溺水情况，包括溺水时间、施救过程、初步急救措施等，以助于诊断和治疗。

7. 心理支持

（1）心理关怀：溺水事件对所有相关者都是心理上的巨大冲击，提供即时的心理安慰，鼓励寻求专业心理咨询。

（2）长期关注：溺水幸存者和目击者可能需要长期的心理支持，以处理可能的创伤后应激障碍等问题。

【任务评价】

评价内容	评价指标	分值	自评（30%）	互评（30%）	师评（40%）	总评
内容质量	手册内容的全面性、科学性、实用性	30				
编排质量	手册结构的清晰性，文字是否言简意赅	20				
呈现形式	是否图文并茂，形式是否具有创新性	15				
反思与总结	交叉评价的反馈效果，改进意见的针对性	15				
团队协作	小组内部分工的合理性，配合的默契度	20				

项目六　消防安全篇——
共筑消防安全屏障

项目环节	项目内容
项目情境	请阅读以下案例。 案例一：2023年5月21日凌晨3时，广西某高校一女生宿舍突发火情，房间里全是烟，烟雾报警器刺耳的响声吵醒了熟睡的学生，宿舍内14名女生迅速撤离至楼下，所幸未造成任何伤亡。经调查，起火原因为点燃的蚊香引燃拖鞋而引发火灾。 案例二：2019年12月18日，某大学一宿舍楼起火，消防员紧急疏散6名被困人员，无人员伤亡。经勘察，火灾系电器引发，插线板故障引燃附近可燃物，造成火灾。 案例三：2022年6月，湖南省某高校，一男生宿舍突发火灾，消防救援人员迅速赶赴现场扑灭了火势。起火为学生吸烟遗留火种所引发。
项目要求	请完成以下思考与讨论。 1. 上述3个案例中，引发火灾的共同原因有哪些？ 2. 如果你所在宿舍发生火情，你将如何应对？ 3. 你所在的宿舍有无消防安全隐患？如有，请列举。
项目目标	**知识目标** 1. 深入理解火灾的类型、成因、扩散规律，以及不同材料的燃烧特性； 2. 熟悉各类消防设备的功能、使用方法及维护保养知识等； 3. 熟知火场中的正确逃生姿势、疏散路线选择与避难技巧； 4. 了解火灾现场初级救护知识； 5. 熟知国家关于消防安全的法律法规，以及公共场所的消防安全管理制度和标准。 **能力目标** 1. 在模拟火情中，能够迅速识别火源类型，采取有效措施实施初期扑救； 2. 能够组织并实施火场疏散演练，有效引导人员沿最佳疏散路径迅速、有序撤离，确保人员安全； 3. 能够在面对复杂火场环境时，迅速做出准确判断，制订并执行应急行动计划； 4. 在模拟与学习过程中，面对火灾时能够保持冷静，有效应对紧急情况。 **素养目标** 1. 树立牢固的消防安全观念，将预防为主、安全第一的理念融入日常生活与工作中； 2. 在模拟演练中，学会与他人有效沟通，协同作战； 3. 对消防安全知识保持好奇心，持续关注消防科技发展
项目实施	1. 上述3个案例中，引发火灾的共同原因。 2. 自己所在宿舍发生火情时的应对措施。 3. 自己所在的宿舍的消防安全隐患情况。
项目总结	请列举你在完成这个项目的过程中遇到的问题及解决办法

工作任务 6.1
火灾扑救的短视频制作

【任务描述】

制作一段生动、具有教育意义的火灾预防、自救与初级扑救短视频，时长约 2 min。

任务要求：在规定时间内，学习火灾安全知识，策划并拍摄一部短视频，涵盖预防、初期扑救技巧，完成作品后进行交叉评价与总结。

【任务实施】

<table>
<tr><td colspan="3" align="center">火灾扑救的短视频制作</td></tr>
<tr><td colspan="3">姓名：_____　　班级：_____　　学号：_____</td></tr>
<tr><td>实施步骤</td><td>步骤说明</td><td>过程记录</td></tr>
<tr><td>1. 知识学习与策划</td><td>（1）学习火灾预防、初期扑救知识、逃生技巧等；
（2）讨论视频创意、目标受众等</td><td></td></tr>
<tr><td>2. 脚本编写</td><td>（1）构思视频脚本，包括情景设定、角色等；
（2）设计人物对白、关键信息节点等</td><td></td></tr>
<tr><td>3. 拍摄准备</td><td>（1）布置拍摄场地，检查设备状况；
（2）备齐拍摄所需素材</td><td></td></tr>
<tr><td>4. 拍摄与后期制作</td><td>（1）按照所设计脚本完成视频拍摄；
（2）后期剪辑、加工视频</td><td></td></tr>
<tr><td>5. 反馈与发布</td><td>（1）自评、交叉评价视频制作质量；
（2）多渠道发布视频并总结反馈效果，提出改进计划</td><td></td></tr>
</table>

【知识储备】

一、火灾产生的原因

校园火灾原因

1. 校园火灾产生的原因

（1）消防安全意识薄弱：校园中，普遍存在着对消防安全知识学习和认识不足的现象，导致基本防火规则被忽视。这种意识层面的缺失，为火灾的发生埋下了隐患。

（2）不合规电器的滥用：学生宿舍频繁出现未经许可的大功率电器使用情况，比如电热毯、电热水壶等，超出了宿舍电路的承载极限，从而引起电线过热、短路，直接造成火灾。

（3）私自改造电路系统：为了满足个人电器需求，学生擅自拉接延长线、改动电路布局，不仅增加了线路的负载，还可能因操作不当导致绝缘层损坏，形成火灾隐患。

（4）不当使用明火：宿舍内不当使用蜡烛、蚊香、打火机，特别是在没有监督的情况下进行，极易点燃附近的可燃材料，成为火灾的直接诱因。

（5）烟蒂处理不当：未熄灭的烟蒂被随手丢弃，其高温足以引燃纸张、布料等，尤其是在床上或垃圾桶附近，构成了一种常见的火灾起因。

（6）易燃物堆放无序：宿舍、实验室等地堆积的书籍、纸张、化学试剂等易燃物品，缺乏有效隔离，一旦接触到火源，火势能够迅速扩散。

（7）消防设施维护缺失：消防栓、灭火器等消防设备未能得到定期检查和维护，或因存放位置不当无法立即投入使用，在火灾初发阶段无法发挥应有的作用。

（8）基础设施老化：校园中部分建筑的电气系统因年代久远而逐渐老化，电线裸露、插座松动等问题频出，这些潜在的电气故障也是火灾的重要来源。

2. 家庭火灾产生的原因

（1）烹饪疏忽：厨房是家庭火灾最常见的起火点之一。烹饪时无人看管，油温过高导致油锅起火，或是炉灶上遗留的锅具干烧，均可能迅速引发火灾。

（2）电器故障：电器设备老化、内部短路、线路绝缘层破损、过载使用等都可能产生高温或电火花，从而引燃周围的可燃物。尤其是未通过安全认证的劣质电器，其风险更高。

（3）加热设备不当使用：冬季使用电暖器、电热毯等加热设备时，若覆盖衣物、距离易燃物品过近或长时间运行，都可能因过热而导致火灾。

（4）儿童玩火：儿童出于好奇，可能会玩弄打火机、火柴等引火物，不经意间点燃纸张、窗帘等引发火灾。家长监管不严是此类事件的常见原因。

（5）节日装饰品：节日期间使用的装饰灯串等，若使用不当或产品本身质量不过关，电线过热或短路可能引发火灾。

（6）香烟未熄：吸烟后未彻底熄灭的烟蒂，丢弃在易燃物附近，如沙发、床铺或废纸篓中，可能缓慢燃烧最终引发火灾。

（7）燃气泄漏：天然气或液化石油气泄漏，若未及时察觉或处理，遇到明火或电火花时瞬间爆炸，造成严重火灾。

（8）储存不当的易燃化学品：家庭清洁剂、油漆、稀释剂等易燃化学品若存放不当，或与其他化学品混放，可能因化学反应产生热量，引发火灾。

（9）自然因素：雷击、太阳光聚焦（如通过放大镜或凸透镜效果的透明物品）等自然因素，在特定条件下也可能成为家庭火灾的起因。

（10）宠物误触：家中的宠物可能无意中触动开关、碰倒蜡烛、咬坏电线等，间接导致火灾发生。

二、室内火灾的规律

室内火灾的规律通常遵循一定的发展阶段和蔓延模式，这些规律对于理解火灾的特性和提高火灾防控能力至关重要。室内火灾的一些基本规律和特点如下。

1. 火灾发展四阶段

（1）初起阶段：火灾开始于一个小范围内，燃烧面积不大，室内温度差别显著，此时是人员疏散和初期灭火的最佳时机。

（2）发展阶段：火势逐渐扩大，室内温度和烟气浓度快速上升，火灾蔓延速度加快，火场条件变得更加恶劣。

（3）猛烈阶段：火势达到最强状态，室内温度极高，火焰可能冲破窗户或门洞，形成强烈的热辐射和对流，蔓延速度极快，难以控制。

（4）衰减阶段：由于可燃物减少或氧气耗尽，火势开始减弱，温度下降，但依然可能因残留火点复燃。

2. 火灾蔓延影响因素

（1）燃料类型和分布：不同材料的燃烧特性影响火势发展速度，易燃材料如木材、塑料等可加速火灾蔓延。

（2）通风条件：充足的氧气供应会加速燃烧，风向和风速影响火势方向和蔓延速度。

（3）建筑物布局：开放式空间相比隔间多的建筑更容易使火灾迅速蔓延。

（4）火灾初起阶段的控制：初起阶段的火源控制对遏制火灾发展至关重要。

3. 烟囱效应

在有垂直通道（如楼梯井、电梯井）的建筑中，热烟气会上升形成烟囱效应，加速烟气和火势向上蔓延，并可能引起竖向楼层间的跳跃式传播。

4. 烟雾行为

烟雾是火灾中最早扩散的产物，含有大量有毒气体和微粒，对人的逃生和消防救援构成重大威胁。烟雾会沿天花板流动，然后下沉覆盖地面，影响视线和呼吸。

5. 数学模型

通过火灾动力学理论，科学家和工程师开发出数学模型来预测火势蔓延和烟气流动，这些模型考虑了热传导、对流、辐射等物理过程，有助于设计更安全的建筑和火灾应对策略。

三、校园火灾的预防措施

校园火灾的预防措施是一项系统工程，需要全校师生共同努力，从制度建设、硬件配套、教育宣传等多个层面入手构建一个安全的校园环境。

1. 建立健全消防管理制度

制定和完善校园消防安全管理规章制度，明确各级管理人员的消防安全职责，定期开展消防安全检查，确保各项制度得到有效执行。

2. 加强消防设施建设与维护

确保校园内的消防设施，如消防栓、灭火器、自动喷水灭火系统、应急照明、疏散指示标识等处于良好工作状态，定期进行检查、维护和更新。

3. 开展消防安全教育与培训

定期组织师生参加消防安全知识讲座、消防演练，提高师生的消防安全意识和自救互救能力，确保每个人都能掌握基本的火灾预防知识和逃生技能。

4. 严格用电管理

（1）禁止私拉乱接电线，不使用不合格或超负荷的电器设备。

（2）定期检查电线、插座、开关等电力设施，确保无老化、破损现象。

（3）在宿舍、实验室等重点区域设置功率限制装置，防止大功率电器的使用。

5. 控制明火使用

（1）严禁在宿舍、图书馆、实验室等禁烟区域吸烟。

（2）禁止在宿舍内使用蜡烛、酒精炉等明火设备。

（3）实验室使用明火或易燃化学品时，需有专人监督，并遵循严格的操作规程。

6. 规范物品摆放

（1）保持宿舍、走廊、楼梯间等公共区域的整洁，不堆放可燃物品，确保紧急疏散通道畅通无阻。

（2）易燃、易爆物品应集中存放于专门的安全存储区域，并采取相应防护措施。

7. 建立应急预案

（1）制定火灾应急预案，包括火情报告流程、疏散路线、集合点安排、灭火行动、救护措施等。

（2）组建应急队伍，包括通信联络组、灭火行动组、疏散引导组、安全救护组等，明确各自职责，定期进行模拟演练。

8. 鼓励举报违规行为

建立举报奖励机制，鼓励师生举报消防安全违规行为，及时消除火灾隐患。

9. 加强外来人员管理

对于来访的外来人员，应进行基本的消防安全告知，确保其遵守校园的消防安全规定。

10. 利用科技手段

推广使用智能消防监控系统，如烟雾探测器、温度感应器等，实现火灾早期预警。

四、家庭火灾的预防措施

家庭火灾的预防是确保居住安全的重要环节，涉及日常生活的多个方面，具体措施如下。

1. 确保电气安全

（1）定期检查电线、插座和电器，确保它们没有磨损、裸露或过热的迹象。

（2）不要在床上或沙发上使用充电中的电子设备，避免覆盖电热毯等加热设备。

（3）避免使用劣质或未经认证的电器产品，确保所有电器符合安全标准。

（4）不要超负荷使用插座，应使用带保险丝的多功能插板，并确保总电流不超过电路额定值。

2. 确保厨房安全

（1）做饭时始终有人看管，避免油炸食物时离开厨房。

（2）清理炉灶和烤箱周围的油脂、食物残渣，避免积累可燃物。

（3）使用锅盖或灭火毯扑灭油锅小火，而不是用水。

（4）确保燃气管道和接口定期检查，防止泄漏。

3. 留意烟雾报警器

（1）在每个卧室和主要生活区域安装烟雾报警器，并定期测试和更换电池。

（2）考虑安装一氧化碳报警器，特别是在有燃气设备或壁炉的家庭中。

4. 制订逃生计划

（1）制订家庭火灾逃生计划并进行训练，需包括至少两条逃生路线。

（2）确保所有家庭成员知道在紧急情况下如何报警和汇合点的位置。

5. 加强易燃物品管理

（1）正确存储易燃液体（如油漆、清洁剂），使其远离热源和火源，最好存放在通风良好的独立储藏室。

（2）不要在室内或靠近火源处堆放报纸、杂志、衣物等易燃物。

（3）确保室内装饰品远离加热设备，不使用时及时断电。

6. 加强火源管理

（1）避免在床上或沙发上吸烟，使用有盖的烟灰缸并确保烟蒂完全熄灭。

（2）避免儿童使用火源，包括蜡烛、打火机和火柴。

（3）使用壁炉时，确保有防火屏，并在不使用时彻底熄灭余烬。

7. 增强安全意识

（1）定期向家庭成员普及火灾预防知识，特别是针对儿童，教育他们不要玩火。

（2）关注并学习社区提供的消防安全教育活动和资源。

8. 配置应急装备

（1）家中准备消防器材，如灭火器、逃生面罩、多功能手电筒，并确保家人知道如何使用。

（2）根据房屋结构，考虑安装逃生缓降器或救生绳作为紧急逃生工具。

9. 定期检查与维护

（1）定期检查家中所有消防设施和安全设备的完好，包括烟雾报警器和灭火器等。

（2）维持清洁，避免灰尘和垃圾堆积，因为它们可以成为火灾的燃料。

五、火灾扑救的基本原则

（1）先控制后消灭。面对火灾，首先要控制火势的蔓延和扩大，防止其进一步恶化。这意味着要迅速采取措施隔离火源，切断可燃物，减缓火势发展速度，为全面扑灭创造条件。

火灾扑救

（2）救人第一。在火灾现场，人的生命安全永远是第一位的。当火场上存在被困人员时，应优先进行人员搜救和疏散，确保人员安全撤离，同时兼顾灭火行动，保障救援通道的畅通。

（3）先重点后一般。在扑救过程中，需要识别并优先保护关键目标，如重要设施、危险物品储存区、人员密集场所等，以及对全局有重大影响的区域。在确保重点区域安全后，再转向其他一般区域的灭火工作。

（4）科学施救。依据火灾的具体情况，如火势、燃烧物质性质、火场环境等，合理选择灭火战术和适用的灭火剂，科学调配灭火力量，有效利用消防设施和装备。

（5）协同作战。火灾扑救是一个系统工程，需要消防部门、应急管理部门、医疗救护、公安机关以及社会力量的密切配合和协同作战，确保救援行动高效有序。

（6）安全防护。参与灭火的所有人员必须严格遵守安全操作规程，佩戴个人防护装备，确保自身安全，避免二次事故的发生。

六、扑救初起火灾的方法

扑救初起火灾的基本方法主要包括以下四种，主要是为了迅速控制并扑灭初期火源，防止火势蔓延。

（1）冷却法。这是最常见的灭火方法之一，原理是通过降低燃烧物质的温度至燃点以下，使燃烧反应停止。通常使用水或其他适合的灭火剂直接喷洒在燃烧物上，比如水是最常用的冷却剂，适用于大多数固体物质火灾。但对于某些特殊火灾，如油类或电器火灾，则不宜使用水，而应选择适合的灭火剂。

（2）窒息法。此方法通过隔绝氧气或减少燃烧区域的氧气浓度，使燃烧因缺乏维持燃烧所需的氧气而熄灭。实施方式包括使用灭火毯覆盖燃烧物、关闭火源附近的门窗阻止空气流通，或者使用二氧化碳灭火剂等不支持燃烧的气体填充燃烧区域。

（3）隔离法。通过移除燃烧物周围的可燃物质或阻止火势蔓延途径，中断燃烧链，防止火势扩大。这包括将火源附近的易燃物品搬走，或使用泡沫灭火剂形成隔离层，阻止燃烧物与空气接触。

（4）抑制法。利用化学灭火剂，如干粉灭火剂，干扰和抑制燃烧过程中的链式反应，阻止游离基的生成，从而使燃烧反应中断。这类灭火剂能够快速作用于火源，特别适用于扑救易燃液体、气体和带电设备的火灾。

七、常见灭火器的使用方法

灭火器是扑灭初起阶段火灾的重要工具,它们按照所充装的灭火剂不同,可以分为多种类型,每种类型的灭火器都有其特定的使用方法和适用场景。以下是几种常见的灭火器类型及其详细使用方法。

1. 二氧化碳灭火器

1)类型与适用范围

二氧化碳灭火器适用于B类(液体火灾)、C类(气体火灾)及小面积A类(固体物资火灾)。由于二氧化碳无残留,特别适合精密仪器和电气火灾(E类)。

2)使用方法

(1)定位火源。站在上风或侧风向,距离火源2~3 m。

(2)拔保险销。去除保险装置。

(3)握紧喷管。一手握住喷管,避免接触极冷的喷嘴造成冻伤。

(4)释放气体。按下压把,二氧化碳会迅速喷出,对准火焰根部。

(5)连续喷射。持续喷射直至火源熄灭。

2. 干粉灭火器

1)类型与适用范围

干粉灭火器主要分为BC类(碳酸氢钠为基料,适用于扑灭液体和气体火灾)和ABC类(磷酸铵盐为基料,适用于扑灭固体、液体、气体火灾及带电设备初起阶段的火灾)。干粉灭火器因其广泛的适用性,是常见的灭火设备。

2)使用方法

(1)摇晃瓶身。使用前先将灭火器上下颠倒几次,使内部干粉松散。

(2)拔掉保险销。找到并拔除保险装置。

(3)瞄准火源。站在上风或侧风向,保持安全距离(2~3 m)。

(4)压下手柄。一手握住喷管,另一手按下压把,对准火焰根部喷射。

(5)扫射灭火。采用左右扫射的方式,直至火源完全熄灭。

3. 泡沫灭火器

1)类型与适用范围

泡沫灭火器适用于A类和B类火灾,尤其是油类火灾。泡沫能覆盖在燃烧物表面,隔绝氧气并冷却。

2)使用方法

(1)摇晃混合。使用前轻微摇晃灭火器,使溶液均匀。

（2）拔掉保险销。去除安全装置。

（3）接近火源。保持一定距离，对准火源中心。

（4）喷射泡沫。按下喷嘴，均匀喷射泡沫覆盖火源，直到火熄灭。

4．水基灭火器

1）类型与适用范围

水基灭火器主要针对 A 类火灾，有的型号添加了泡沫或清洁剂，也适用于 B 类小规模火灾。

2）使用方法

（1）直立灭火器。将灭火器带到火源附近。

（2）拔掉保险销。解除保险。

（3）对准火源。站在安全距离（约 5 m），对准火源底部。

（4）喷射水流。按压操作杆或扳机，持续喷水直至火源熄灭。

【任务评价】

评价内容	评价指标	分值	自评（30%）	互评（30%）	师评（40%）	总评
内容质量	视频所呈现出的知识准确性、实用性	25				
视频创意	视频的创意、吸引力	25				
制作质量	视频的清晰度、专业性	20				
传播效果	视频反馈效果、影响力	20				
自学意识	对新知识、新技术主动学习的意识	10				

工作任务 6.2
火灾疏散与逃生方案制作

【任务描述】

制作一份火灾疏散与逃生方案，以提升大家的紧急疏散能力。

任务要求：在规定时间内，学习火灾疏散与逃生相关知识，设计并制作一份图文并茂的火灾疏散与逃生方案，以 PPT 形式呈现任务结果，并推荐代表进行汇报。

【任务实施】

火灾疏散与逃生方案制作		
姓名：_____ 班级：_____ 学号：_____		
实施步骤	步骤说明	过程记录
1. 知识学习	学习火灾安全知识、火场逃生的原则，火灾疏散办法等知识	
2. 设计方案大纲	设计火灾疏散与逃生方案大纲，包含一级标题、二级标题，以及需要图形、图像、表格等形式呈现的内容与位置等	
3. 编制方案	按照方案大纲编写内容，并准备相应的图、表等内容	
4. PPT 制作	按照方案内容制作 PPT	
5. 汇报与总结	（1）各组推荐代表分别进行汇报； （2）记录汇报内容并进行讨论，总结经验和不足	

【知识储备】

一、火灾报警

火灾报警是在火灾发生初期或预兆出现时，通过自动或手动的方式迅速将火警信息传递给相关人员或机构的行为。这个过程旨在实现两个目的：一是即时通知可能受威胁的人员采取安全疏散措施，保护生命安全；二是快速调集消防力量到达现场进行灭火救援，以控制火势并最大限度减少财产损失。现代火灾报警系统集成了先进的探测技术、通信技术和自动化控制技术，能够自动监测火灾征兆，实现火情的早期发现和快速响应。

1. 火灾报警的对象

（1）消防部门：主要接收火警信息的机构，负责调度消防车辆和人员前往现场。

（2）现场人员：包括建筑物内的工作人员、访客、居住者等，他们需要立即知道火情以便安全疏散。

（3）相邻建筑和居民：在火势可能蔓延的情况下，附近的建筑和居民也是报警对象，以便采取预防措施。

（4）物业管理或安全团队：负责组织初期的应急响应，如使用灭火器尝试初步控制火势。

（5）急救服务机构：在有人员受伤的情况下，需要通知救护车等医疗救援力量。

2. 火灾报警的工具

（1）自动火灾报警系统：由烟雾探测器、热探测器、火焰探测器等组成，一旦探测到火灾迹象，自动将信号发送至消防控制室。

（2）手动报警按钮：安装于建筑物内的显眼位置，任何人发现火情时均可按下报警。

（3）电话：直接拨打当地火警电话119，报告火情并提供详细信息。

（4）移动通信工具：利用手机、对讲机等通信设备通知相关人员或直接联系消防部门。

（5）应急广播和公共广播系统：在公共场所，通过广播系统发布火警信息，指导人群有序疏散。

3. 火灾报警的要求

（1）即时性：发现火情后，应立即启动报警程序，时间是关键。

（2）准确性：提供的火警信息应详尽准确，包括具体地点、火势大小、燃烧物质、有无人员被困、是否涉及危险品等。

（3）有效性：确保报警渠道畅通，报警信息能准确无误地传达给消防部门和其他相关人员。

（4）有序性：报警过程中应保持冷静，按照预定的应急预案操作，避免造成混乱。

（5）全员性：确保所有相关人士，包括员工、访客、周边居民等都能及时获得火警信息。

（6）训练与演练：定期对员工进行火灾报警和疏散演练，提高应对火灾的能力和效率。

二、火场逃生的原则

1. 冷静报警，信念坚定

发现火情后，首要任务是保持冷静，迅速拨打火警电话，清晰报告火灾情况。在等待救援的同时，树立坚定的求生意志，避免盲目行动，寻找合理的逃生路径。

2. 明智选择，生命优先

在选择逃生路线时，要理智判断，避免盲目跟随他人，选择标识明确的安全出口，确保撤离路线最短且无障碍。切记，生命价值高于一切，不可因财物而耽误逃生时机。

3. 防护到位，避烟避毒

烟雾是火灾中最大的杀手之一，需采取有效措施保护呼吸道，如用湿毛巾捂住口鼻，尽量降低身体姿势以减少烟雾吸入。利用身边的水源浸湿衣物以增加防护，必要时采取低姿态甚至匍匐前进通过烟区。

4. 灵活应变，合理避难

当直接逃生路线受阻，应迅速寻找最近的防火分隔区域，如封闭楼梯间、避难层等作为临时避难所，避免滞留在无保护的开放区域，减少被烟气和火势直接威胁的风险。

5. 有序撤离，避免踩踏

在人群密集的环境中，保持冷静，遵循指示标识和工作人员引导，有序撤离，避免推搡和拥挤，减少踩踏事故的发生。充分利用建筑物内的消防设施，如防烟楼梯，作为安全疏散通道。

6. 穿越烟区，禁用电梯

穿越烟雾区域时，采用弯腰或爬行的方式减少吸入有害烟气。牢记火灾时绝对不可使用电梯逃生，以防断电被困，应选择楼梯等安全通道。

7. 控制呼救，正确处理着火

在逃生过程中避免大声呼喊，以保存体力并减少吸入烟尘。若衣物着火，应立即停止奔跑，采用"停、卧、滚"的方式灭火，或使用厚重衣物覆盖灭火，切勿奔跑或乱用灭火器直接喷向身体。

8. 关闭门窗，理性判断跳楼风险

室内着火时，关闭门窗以延缓火势蔓延，但保留逃生出口。除非万不得已，绝不要轻易尝试跳楼逃生，特别是高层建筑，应尽量寻找其他自救途径。

9. 利用身边资源，互助逃生

利用手边的湿毯子、被子等非易燃物品包裹身体，保护自己冲出火场。在逃生过程中，鼓励有能力的个人协助老人、儿童及行动不便者，共同安全撤离，体现团结互助的精神。

三、火灾的疏散办法

火灾疏散

在火灾突发时，确保人员的安全疏散是一项复杂而重要的任务，除了基本的逃生原则外，还需要采取一系列精心策划和组织的措施。具体如下。

1. 即时启动应急响应机制

火灾初发时，应立即激活预先设定的紧急响应计划。这通常由现场安全负责人或指定的应急团队成员执行，通过内部通信系统快速发布火警信号，通知所有人员进入紧急状态。

2. 智能化系统辅助疏散

利用现代建筑的智能化管理系统，自动触发应急照明、疏散指示标识、防排烟系统等，同时封锁非消防电梯和非安全出口，确保疏散通道的畅通和安全。

3. 动态风险评估与路线调整

安全管理人员应持续监控火情动态，评估烟雾扩散方向、火势蔓延趋势及建筑结构稳定性，根据实际情况灵活调整疏散路线，避免人员进入更加危险的区域。

4. 分层次、分区疏散

根据火源位置、火势大小及建筑布局，制定并执行分层次、分区的疏散策略，优先疏散火源附近及存在更高风险区域的人员，以控制疏散人流，避免混乱。

5. 内外协同作战

迅速与外部救援力量建立联系，包括消防、公安、医疗急救等部门，提供火场最新信息，协调外部救援资源的进入，如开辟救援通道、设立安全隔离区等。

6. 临时避难与人员管理

在安全区域设置临时避难所，为疏散出来的人员提供临时安置，配备基础的医疗急救包、饮水等物资。同时，进行人员的身份核对和初步的情绪安抚，维持秩序。

7. 信息发布与沟通

利用短信、社交媒体、企业通信软件等多种渠道，及时向外发布火灾情况及疏散进展，保持信息的透明度，减轻外界的焦虑，同时便于相关人员查询确认疏散人员的安全状态。

8. 后续安全检查与维护

疏散结束后，组织专业团队对建筑进行全面的安全检查，修复受损的安全设施，如防火门、排烟系统等，确保火灾后建筑的安全性，为后续使用做好准备。

【任务评价】

评价内容	评价指标	分值	自评（30%）	互评（30%）	师评（40%）	总评
大纲内容	大纲是否结构层次清晰，重点突出	30				

续表

评价内容	评价指标	分值	自评（30%）	互评（30%）	师评（40%）	总评
方案内容	方案内容的科学性、全面性、可行性	20				
PPT 内容	PPT 是否图文并茂，对观众的吸引力	20				
汇报环节	汇报人的表达是否流畅，对时间的把控度	20				
记录与总结	记录过程是否严谨认真，相互交流是否虚心、坦诚	10				

项目七 自然灾害安全篇——
锻造自然灾害的智慧之盾

项目环节	项目内容
项目情境	请阅读以下案例。 4月2日，一场突如其来的狂风暴雨及冰雹天气袭击了江西某高校，给校园带来了不小的破坏。网络上迅速传播的一段视频显示，暴雨如注，狂风肆虐，冰雹密集落下，打在房屋上发出阵阵沉闷的声响。视频中，一些教室的窗户玻璃破碎，碎片散落一地，场面令人惊心。地面上堆积的冰雹也形成了白色的厚厚一层，显示了这次天气事件的严重程度。当晚7点多，有记者紧急联系了该校相关部门，以了解校园受损情况和应对措施。保卫处的一位工作人员在接受采访时证实了视频中的情况，他表示，确实有一些教室的玻璃在狂风暴雨中受损，部分围墙也出现了倒塌的情况。学校对此高度重视，事发后各个部门迅速出动，展开紧急抢修工作，确保校园安全。 这位工作人员还透露，事故发生在下午5点多，当时正值学生下课时间，幸运的是，由于学校提前进行了应急预案的宣传和演练，学生们都及时躲避到了安全的地方，没有造成人员伤亡。学校也迅速启动了应急响应机制，通知各相关部门和人员到岗，开展抢修工作。
项目要求	请完成以下思考与讨论。 1. 上述案例中，学校的处理方式是否得当？为什么？ 2. 如果你是该校学生，在面对类似情况时将如何应对？ 3. 你所在的学校在应对自然灾害时，是否存在安全隐患？如有，你将如何采取措施？
项目目标	**知识目标** 1. 熟知台风、暴雨、雷暴等气象灾害的成因及对人类社会的影响； 2. 熟知地震、泥石流等地质灾害的形成原理、危害及预兆识别方法； 3. 熟悉不同自然灾害的科学预防措施； 4. 了解基本的灾害风险评估步骤。 **能力目标** 1. 能够根据所学知识，科学防范、应对自然灾害； 2. 能够根据所学知识，科学防范、应对地质灾害。 **素养目标** 1. 培养面对自然灾害时的社会责任感，成为校园与社区安全的积极倡导者； 2. 保持对自然灾害的科学态度，依赖事实与科学数据作出决策，成为理性的信息传播者； 3. 在灾害模拟演练中，学会适应紧急环境，与团队成员有效协作，共同提高应急处置能力
项目实施	1. 对上述案例中学校的处理方式的评价。 2. 面对类似情况，本人的做法。 3. 本人所在学校是否存在应对自然灾害的安全隐患调查，以及本人所采取的措施。
项目总结	请列举你在完成这个项目的过程中遇到的问题及解决办法。

工作任务 7.1
气象灾害预防与应对的宣传海报制作

【任务描述】

制作一张气象灾害预防与应对的宣传海报，包括但不限于台风、洪水、雷暴等内容，以提升校园内师生对自然灾害的防范意识与应急准备能力。

任务要求：在规定时间内，通过学习各类气象灾害知识，设计并制作具有创意且信息丰富的宣传海报，并在合适位置进行张贴，收集师生们的反馈意见并进行经验总结。

【任务实施】

气象灾害预防与应对的宣传海报制作		
姓名：_____ 班级：_____ 学号：_____		
实施步骤	步骤说明	过程记录
1. 理论学习	学习常见的气象灾害形式及其特征，气象灾害的防范及应对措施等	
2. 海报需求分析与目标设定	（1）研究当地当前气象灾害类型，确定宣传重点（如台风、洪水、高温、寒潮等）； （2）设定宣传目标，包括提升师生的灾害意识、普及预防措施等	
3. 内容策划与信息收集	（1）搜集权威气象部门发布的灾害预警信息、预防指南和应对措施； （2）整理关键信息点，确保海报的科学性和实用性； （3）设计易于理解的灾害图标、安全提示和行动指南	
4. 设计构思与草图绘制	根据内容策划，设计并绘制海报草图	
5. 制作与优化	（1）使用专业设计软件（如 Photoshop 等）制作电子版海报； （2）组内讨论并优化海报内容	
6. 发布与总结	（1）确定宣传渠道，包括自媒体、微信群等； （2）收集师生的反馈意见，并进行经验总结	

【知识储备】

一、气象灾害的常见类型

气象灾害是指由大气中的自然现象直接或间接引起的，对人类社会、经济活动、生态系统等造成损害的灾害事件。常见的气象灾害类型多样，主要包括以下几种。

（1）台风（包括热带风暴、强热带风暴）：由强风、暴雨、风暴潮等灾害性天气现象组合而成，主要影响沿海地区，可造成严重的生命财产损失。

（2）暴雨（雪）：短时间内大量降水，可能导致洪水、山体滑坡、泥石流等次生灾害。

（3）雷暴：伴随闪电、雷鸣、强风、暴雨等，可能引发树木倒塌、火灾、人员伤亡。

（4）冰雹：对农作物和户外设施造成破坏，有时也会伤及人畜。

（5）大风：强风可以单独成为灾害，或与其他灾害如沙尘暴、风暴潮等并发，造成广泛破坏。

（6）沙尘暴：多发生在干旱和半干旱地区，影响空气质量，对健康和交通造成影响。

（7）龙卷风：强烈的旋转风柱，破坏力极大，局部地区瞬间破坏性强。

（8）大（浓）雾：影响能见度，对交通运输尤其是航空和航海安全构成威胁。

（9）高温：长时间高温天气可导致热射病、作物枯萎、水资源紧张等问题。

（10）低温：寒潮、霜冻等低温灾害影响农业生产，对人体健康也有不利影响。

（11）连阴雨：持续性降水影响农业、引发洪水，对日常生活和经济活动造成干扰。

（12）冻雨：雨滴落地面冻结成冰，导致路面滑溜，影响交通和电力设施。

（13）霜冻：植物表面形成冰晶，对农作物造成冻害。

（14）结（积）冰：在物体表面形成冰层，对电线、树枝、道路等构成威胁。

（15）干旱：长时间缺水，对农业、生态、水资源管理构成挑战。

（16）干热风：高温低湿的风，对农作物生长不利，加剧干旱影响。

（17）热浪：持续高温天气，对人类健康、生态系统和城市运行产生严重影响。

二、气象灾害的特征

气象灾害具有多样化和复杂性的特点,以下是其六个典型的特征。

1. 多样性与全球分布性

气象灾害种类繁多,几乎涵盖了所有天气现象的极端表现形式,如台风、暴雨、干旱、寒潮、沙尘暴等,它们在全球不同地区均有发生,影响范围广泛,体现了自然灾害的空间普遍性。无论是在湿润的热带雨林还是干旱的沙漠边缘,或是寒冷的北极圈内,人类社会都可能面临特定类型的气象灾害威胁。

2. 季节性与周期性

许多气象灾害呈现出明显的季节性规律,如北半球夏季多台风、暴雨,冬季则易发寒潮。此外,某些灾害如厄尔尼诺现象导致的极端气候事件,虽不如日常天气那样规律,但也展现出一定的周期性特征,影响农业种植、水资源管理等多个领域。

3. 连锁反应与灾害链效应

单一的气象灾害往往触发一系列次生灾害,形成灾害链。例如,暴雨引发的洪水不仅直接导致人员伤亡和财产损失,还能引发山体滑坡、桥梁垮塌、土壤侵蚀、水污染等连锁反应,进一步扩大灾害影响范围和深度,增加了灾害治理的复杂性。

4. 经济损失与社会影响巨大

气象灾害是造成经济损失和社会影响最为显著的自然灾害之一。强台风、洪水、干旱等灾害不仅直接摧毁房屋、道路、农田,导致人员伤亡,而且对经济发展、社会稳定造成长远的影响,如粮食安全问题、物价波动、贫困加剧等,恢复重建成本高昂。

5. 预警与应对存在挑战

虽然现代科技已经能够提前预测某些气象灾害,但准确率、时效性、预警信息的传递效率仍面临挑战。山区、偏远地区可能因信息不畅而错失最佳疏散时机。此外,公众的灾害意识、应对能力参差不齐,加大了实际灾害管理难度。

6. 气候变化的加剧作用

随着全球气候变暖,极端天气事件的频率、强度和不确定性增加,使得传统意义上的"典型"灾害特征发生变化。例如,一些地区干旱与洪涝交替出现的频率增加,热浪持续时间延长,极端降雨事件更加剧烈,这要求灾害管理和适应策略必须不断调整,以应对更加复杂多变的气候条件。

三、气象灾害的防范及应对措施

1. 台风的防范及应对措施

针对台风及其伴随的暴雨灾害性天气，确保安全防范需细致入微，具体措施如下。

（1）密切关注台风动态，及时响应预警：一旦接收到台风预警信息，务必重视并持续关注气象部门发布的最新台风警报，根据预计的台风影响时间和强度，提前做好个人与公共区域的防范准备。特别注意整理并妥善安置室外物品，如阳台上的盆栽、自行车等，以防止高空坠物造成的意外伤害。

（2）全面排查安全隐患：主动检查居住的寝室、学习的教室以及实验室内和周边的户外设施，如发现窗户与门框松动、遮阳篷损坏等安全隐患，应立即向学校后勤或物业部门报告，请求维修加固，避免台风期间发生危险。

（3）保持室内安全避险：台风期间，最安全的做法是留在坚固的室内避风避雨，关闭所有门窗，特别是迎风面的门窗要确保紧闭，以减少风力对室内的影响。同时，准备好手电筒、食品、饮用水等应急物资，以防断电断水情况的发生。

（4）谨慎外出，选择安全路径：尽量避免在台风来袭时外出，确需外出时，要选择空旷地带行走，远离围墙、广告牌、老旧建筑等易倒塌物体，警惕道路上的积水和下陷区域，确保行进路线安全可靠。在强风中行走时，弯腰前行，减少风阻，经过高楼时要格外注意上方可能的坠物。

（5）注意个人防护，避免触电风险：在户外遇到落地的电线或积水区域时，切勿靠近，以防触电，尽量绕道而行。同时，穿着防水鞋具，保持干燥，避免因湿滑跌倒。

（6）确保排水畅通，防止积水内涝：提前清理寝室或教室附近的雨水排放管道，移除可能阻碍水流的垃圾杂物，确保雨水能够顺畅排出，减少因积水造成的浸泡损害，保障人员通行安全。

2. 龙卷风的防范及应对措施

针对龙卷风这一极端天气现象，其防范及应对措施需迅速且有针对性，具体如下。

（1）了解预警，时刻准备：鉴于龙卷风常伴随夏季雷雨天气出现，尤其是午后至傍晚，应关注当地气象部门的预警信息，通过手机应用、电视、广播等媒介，了解龙卷风的潜在威胁。家庭和学校应制订紧急应对计划，进行定期演练，确保所有人都知道遇到龙卷风时应如何行动。

（2）加固住宅，安全评估：在龙卷风季节来临前，对住宅进行安全检查，加固门窗，确保屋顶和墙壁的牢固，修剪可能危及房屋的树枝，减少飞散物风险。了解家中最安全的避难所位置，通常是地下室或内部无窗的小房间，远离外墙和可能的坠落物。

（3）户外活动，立即避险：在户外活动时，一旦察觉到天空异常，如乌云旋转或听见远处雷声，应立即寻找坚固建筑物躲避。如无遮蔽处，应迅速躺下于低洼地，用手臂保护头部，远离树木、电线杆等可能倒塌的物体。

（4）正确逃离，避免直击：遇到龙卷风时，应迅速判断其移动方向，向与龙卷风路径垂直或相反方向迅速逃离。切勿试图驾车逃离，因为龙卷风可轻易掀翻车辆。如在车内，立即弃车，寻找低洼地或坚固掩体避难。

（5）利用地下空间，最优避难：若住所配有地下室或半地下室，这是最理想的避难场所。进入后，远离窗户，关闭所有门，用厚实的家具如桌子加固避难地点，保护头部和身体免受飞散物伤害。

（6）保持信息畅通，互助互救：确保手机等通信工具电量充足，用于紧急联络。在安全情况下，利用社交媒体或短信向家人报平安，同时关注周围人群，尤其是老人、小孩和残疾人士，提供必要的帮助，共同确保安全避难。

3.雷击的防范及应对措施

针对雷击这种强大自然现象，其防范与应对措施是保护生命安全的关键。具体如下。

（1）室内避雷措施：雷雨来临时，立即关闭家中门窗，避免侧击雷和球形闪电进入。远离窗户、浴室等可能引雷的区域，不接触水管、电线等，减少成为导体的风险。

（2）中止户外活动：在外应迅速寻找避雷场所，优先选择有防雷设施的建筑物内躲避，避免无防雷设施的小型建筑、树下或开阔地带，减少被直接雷击的可能。

（3）远离高危区域：避免在建筑物顶部、山峰、水体附近等易吸引雷击的地点活动。在森林中，选择空旷地带而非树下避雷，以减少被雷击的概率。

（4）不接触导电物体：在户外，切勿接触任何金属物体，如天线、铁丝网、金属门等，远离电线、铁轨等，减少雷电传导风险。

（5）安全行为准则：雷雨天气中，避免使用金属伞，不接触地面金属物体，不奔跑、骑车，减少跨步电压和直接雷击风险。行走时，尽量减少身体暴露，保持低姿态。

（6）雷击前兆应对：若感到身体发麻、头发竖起等雷击前兆，立即采取保护姿势，蹲在地上，身体前倾，手放在膝盖上，丢弃金属配饰，缩小身体与地面接触面积，以减少伤害。

（7）电子设备使用限制：雷电期间，停止使用手机、电脑等电子设备，避免打电话、上网，最好拔掉电源线和网线，确保设备良好接地，以防雷电通过线路侵入。

（8）雷击后急救措施：遭遇雷击者若停止呼吸，立即实施人工呼吸和心肺复苏，迅速拨打急救电话并送医，把握宝贵的黄金救援时间，减少伤亡。同时，对于雷击事故现场，应保持警惕，避免因高压电线落地造成的跨步电压伤害，采取双脚并拢跳离的方式安全撤离。

4.极端高温的防范及应对措施

（1）合理安排户外活动：避免在中午至下午的高温时段进行户外活动，减少直接暴露于烈日下的时间，选择早晨或傍晚较凉爽时进行必要活动，以减轻高温带来的健康风险。

（2）穿着透气，加强防晒：穿戴轻薄、透气、浅色衣物，戴宽边帽，使用太阳镜和涂抹防晒霜，携带遮阳伞，有效抵挡紫外线辐射，减少中暑机会。

（3）补充充足的水分：高温环境下，即使不感到口渴也要定时饮水，当气温超过35 ℃时应停止剧烈运动，确保体内水分平衡，预防热射病。

（4）科学补充电解质：出汗多时，适量饮用含电解质的饮品，如淡盐水或功能性饮料，维持体内电解质平衡，避免脱水和电解质紊乱。

（5）合理饮食，充足休息：保持清淡饮食，多吃瓜果蔬菜，减少油腻食物摄入，保证充足睡眠，增强身体抵抗力，一旦感觉不适立即停止活动，寻找阴凉处休息。

（6）避免过度降温：出汗后避免立即吹空调或冷水浴，以防体温调节中枢紊乱，应让身体逐渐冷却，避免冷热急剧变化导致的身体不适。

（7）携带防暑用品：随身携带风油精、清凉油等防暑药品，用于提神醒脑、缓解轻微中暑症状，确保紧急情况下能够及时处理。

5.极端低温的防范及应对措施

（1）减少户外暴露：在极端低温天气下，尽量避免不必要的户外活动，减少寒冷环境中停留的时间，以预防冻伤和低体温症。

（2）保暖措施到位：穿戴多层衣物，特别是保暖内衣和防风外套，戴帽子、手套和围巾，保持身体尤其是四肢末梢的温暖。

（3）安全取暖：室内使用安全取暖设备，避免使用高功率电器或明火取暖，以防火灾和一氧化碳中毒，定期检查取暖设备安全。

（4）通风与卫生：尽管天气寒冷，仍需保持室内适度通风，减少病菌滋生，同时保持个人卫生，增强免疫力，预防流感等冬季疾病。

（5）适量运动：避免剧烈运动导致出汗，选择室内轻度活动如瑜伽、拉伸，保持血液循环，避免因寒冷引起的身体僵硬和不适。

（6）正确处理冻伤：若手脚冻伤，切勿直接用热水解冻，应慢慢在温水中回暖，轻轻按摩促进血液循环，严重时及时就医。

（7）营养补充：增加蛋白质和维生素摄入，多吃富含维生素C的水果蔬菜，增强身体抗寒能力，维持身体健康状态。

【任务评价】

评价内容	评价指标	分值	自评（30%）	互评（30%）	师评（40%）	总评
信息的准确性	评估海报传达的灾害预防和应对措施是否准确无误，是否与官方指南一致	30				
视觉吸引力	海报的设计是否吸引目标受众的注意，包括色彩搭配、图像选择、布局合理性等	20				
软件的应用	对制作软件使用的熟练程度	20				
宣传效果	统计海报的总浏览量、分享次数，评估宣传覆盖的广度和深度	20				
反馈与总结效果	受众对海报的欢迎程度，总结的针对性	10				

工作任务 7.2
地质灾害预防与应对的科普分享

【任务描述】

组织一场关于地质灾害预防与应对的科普分享会，包括但不限于地震、滑坡、泥石流等内容。

任务要求：在规定时间内，自学地质灾害相关知识，准备分享材料（PPT或短视频），材料需内容丰富、形式生动、具有视觉冲击力，每小组推荐一名代表进行分享活动。

【任务实施】

地质灾害预防与应对的科普分享		
姓名：＿＿＿＿＿＿＿　　班级：＿＿＿＿＿＿＿　　学号：＿＿＿＿＿＿＿		
实施步骤	步骤说明	过程记录
1. 知识学习与资料搜集	（1）学习地质灾害相关知识，包括地震、滑坡、泥石流的成因、预警信号等； （2）搜集国内外地质灾害实例，特别是与校园相关的案例分析； （3）搜索并整理权威机构发布的预防指南和应急响应流程	
2. 设计大纲或脚本	设计 PPT 大纲内容或视频脚本	
3. 制作 PPT 或视频	利用相关软件制作图文并茂的 PPT，或使用拍摄设备拍摄科普视频	
4. 后期整理	分析讨论 PPT 所需改进之处并进行优化，或使用剪辑软件加工整理视频	
5. 汇报并总结	（1）选定代表分享所做的 PPT 或视频； （2）记录分享过程并相互提出意见与建议	

【知识储备】

地质灾害预警

一、地质灾害及其常见类型

地质灾害是自然界中由地质作用或人类活动触发的一系列现象，这些现象对人类社会、经济活动及自然环境造成不同程度的危害。地质灾害的类型多样，按其成因、表现形式和影响范围可以分为多个类别。具体如下。

1. 地壳活动灾害

（1）地震。由地壳内部应力积累释放导致的地表震动，可能造成建筑物倒塌、山崩地裂、海啸等。

（2）火山活动。包括火山爆发、喷发烟尘、熔岩流和火山灰沉积，能摧毁周围地区，影响全球气候。

（3）断层活动。地壳板块间的断裂和移动，可直接引发地震，也可能导致地面变形和地裂缝。

2. 斜坡岩土体运动灾害

（1）崩塌。斜坡岩石或土壤突然崩落的现象，通常发生在陡峭的山体。

（2）滑坡。斜坡上的土石体在重力作用下滑动，速度可快可慢，范围从小规模土块到大规模山体滑动。

（3）泥石流。含有大量固体物质（泥土、石块、树木等）的高速流动水体，常在暴雨后于山谷中发生。

3. 地面变形灾害

（1）地面沉降。由于地下水抽取、油气开采、地下矿产开采等原因导致地表下陷。

（2）地面塌陷。由于地下空洞、采矿、溶洞塌陷等原因造成地面突然下陷形成坑洞。

（3）地裂缝。地表由于各种原因（如地震、地面沉降）产生的裂缝，影响地表稳定性。

4. 水文地质灾害

（1）洪水。河流泛滥、湖泊溢出、海岸线洪水等，与降雨、融雪、潮汐等自然因素相关。

（2）地下水污染。化学物质渗透至地下水源，影响饮用水安全和生态系统。

（3）水土流失。由于不合理耕作、植被破坏等，雨水冲刷土壤，导致土壤质量下降和生态环境恶化。

5. 人为诱发灾害

（1）矿山灾害。包括煤层自燃、洞井塌方、矿山水灾等，与采矿活动直接相关。

（2）城市地质灾害。建筑地基不稳、垃圾堆填埋场滑动、地铁施工等，是与城市化进程有关的地质问题。

防灾地质灾害

（3）工程活动引发的灾害。大型水利工程、道路建设、油气钻探等可能改变地质结构，引发新的灾害风险。

6. 特殊环境灾害

（1）土地沙漠化。因气候变化和过度放牧、耕作导致土壤退化，土地逐渐变为沙漠。

（2）盐碱化。土壤中盐分积累，影响农作物生长，常与地下水位上升和灌溉不当有关。

（3）冻土灾害。冻融循环导致地面变形，影响基础设施稳定性，如道路塌陷、建筑基础损坏。

二、地震的防范及应对措施

1. 地震的前兆

地震前夕,大自然往往会释放一系列预警信号,这些预兆可归纳为几类:水资源异动、生物行为异常、天气异常、地下声响与光线现象、地表气体释放、地表颤动、地表形态变化及电磁场波动。

(1)水资源异动。在地震发生前夕,地下水体(井水、泉水)可能展现出不同寻常的行为,诸如水质浑浊、冒出气泡、表面翻滚、温度异常变化、颜色与气味变化,或是水位急剧升降,甚至泉水突然干涸或喷涌。

(2)生物行为异常。地震前的物理及化学环境变化(如振动、电磁场、水氡浓度变动等)能刺激某些动物的感知系统,导致它们行为异常,表现为不安、迁徙或是其他不同于常态的反应。

(3)天气异常表现。地震前夕,天气状况也会不寻常,比如空气沉闷、人们普遍感到烦躁不安,长期干旱或连绵阴雨,黄雾弥漫,日照减弱,出现异常风向或季节性异常天气,如六月飞雪或冰雹。

(4)地下声响现象。地震前,地层深处可能会传来异常声响,声音如同炮声轰隆、重物滚动或强风呼啸,这些被称为地声异常。

(5)地下光线显现。地光异常指的是地震前自地下散发出的光亮,色彩斑斓,常有银蓝、紫白等罕见颜色组合,形态多样,包括带状、球形、柱状或弥漫状,通常覆盖范围广,于地震前几小时至几分钟内短暂出现。

(6)地表气体释放。地震前夕,地面附近可能会有异常的气体(地气)释放,呈现白、黑、黄等颜色,有时无色,伴有异味甚至声音和高温,出现时间可早于地震几天至几分钟。

(7)地表颤动迹象。地震前的轻微地面震动,科学上称之为前震,是主要地震前的一系列震动事件。

(8)地面隆起。地鼓异常指的是地震前地表局部区域出现莫名隆起的包块或鼓包现象。

(9)电磁波动。地震前,家庭常见的电器设备,如收音机、电视、日光灯等,可能会出现不正常的工作状态,这是电磁异常的表现。

2. 地震的防范及应对措施

(1)居所安全排查。定期检查居住环境,包括寝室、走廊,确保物品有序摆放,不堆放过高或杂乱,以减少地震时的砸伤风险。保持紧急通道畅通,确保快速疏散。

（2）增强防灾知识。学习基础的灾难应对知识，如关闭电、气、水的操作流程，以及基础的急救技能，提升自我救护和互救能力，关键时刻能自救也能助人。

（3）紧急响应训练。熟悉地震初期的黄金 10 s 规则，预先设想地震情景，练习快速采取保护动作，避免本能地向危险区域移动，如乘电梯或跳窗逃生。

（4）室内避险。地震突发时，迅速打开通向出口的门窗，切断电源和火源，避免使用电梯和楼梯间，选择坚固的家具下方如床、桌下躲避，用枕头或被褥保护头部，保持冷静等待震动结束。

（5）安全撤离。地震暂歇时，迅速但有序地撤离建筑物，避免使用电梯和走楼梯，选择结构稳定、无悬挂物的出口，直接前往开阔地带如操场，远离建筑物、电线杆和树木。

（6）做好心理准备与强化求生意志。培养冷静沉着的心理素质，强化求生意志，即使不幸被困废墟下，也要通过敲击硬物发出求救信号，节省体力，合理分配用水和食物，耐心等待救援。

（7）做好震后行动。地震结束后，除非专业人员指示，避免返回受损建筑物内。参与或协助进行安全评估，检查燃气、水电管线是否安全，避免次生灾害发生。

（8）信息交流与互助。确保通信设备电量充足，利用手机、社交媒体等工具与家人、朋友保持联系，报告平安，同时参与或组织互助小组，共享安全信息，相互支持，共渡难关。

三、泥石流的防范及应对措施

山洪地质灾害

泥石流作为山区常见的自然灾害，其防范与应对措施对于保障人民生命财产安全极为重要。具体措施如下。

（1）科学规划与选址。在山区开发和居住区建设时，应进行全面的地质灾害风险评估，避免在历史泥石流频发区域、沟谷口或河流拐弯凹岸等高风险地带建设住宅和重要设施。已建在危险区域的建筑应评估后逐步搬迁，确保居民远离潜在灾害路径。

（2）生态环境保护与恢复。加强山区森林植被保护和植树造林，提高地表覆盖度，减少水土流失，因为茂密的植被能有效拦截雨水，减缓地表径流，降低泥石流形成的可能性。同时，对已退化的山体进行生态修复，稳固斜坡，减少滑坡风险。

（3）建设水土保持工程。在易发泥石流的沟谷、坡面建设拦沙坝、护坡、排水沟等水土保持工程，以拦截和疏导地表径流，控制侵蚀和沉积物的积累，减少泥石流物质来源。同时，定期检查维护这些设施，确保其功能正常。

(4) 灾害预警系统建设。建立和完善泥石流监测预警系统，包括降雨量监测、山体位移监测、水位监测等，结合气象预报数据，及时发布预警信息。通过手机短信、广播、网络等多种途径，确保预警信息迅速传达至潜在受影响区域的居民。

(5) 应急演练与教育培训。定期组织居民、学校、企事业单位进行泥石流应急避险演练，提高公众的灾害意识和自救互救能力。通过教育培训，让民众了解泥石流的前兆、正确选择逃生路径、避难场所等知识，增强应对灾害的实战能力。

(6) 紧急避险。遭遇泥石流时，应迅速向与泥石流流向垂直的方向逃离，尽量往高地或稳固建筑物内躲避，切勿顺流而下或停留在河床、低洼地带。在室内时，应迅速上楼顶或坚固的房间，避免待在一楼被淹没。

(7) 灾后管理与恢复。泥石流发生后，应立即启动灾后应急预案，组织专业队伍进行搜救、伤员救治、安置受灾群众，同时评估灾害损失，清理堆积物，恢复交通、供水供电等基础设施，开展卫生防疫工作，防止次生灾害发生。同时，总结灾害经验，改进防灾减灾措施，提高未来应对能力。

四、洪涝灾害的防范及应对措施

暴雨来袭，如何避险？

(1) 增强环保意识，支持防洪建设。作为大学生，应积极参与环保活动，保护自然植被，减少水土流失，同时支持和关注政府的堤防加固、河道治理及水利设施建设。了解所在地区的泄洪规划，熟悉防汛应急体系，关注官方预警信息，为预防洪涝灾害贡献个人力量。

(2) 关注天气预警，及时撤离。居住在易洪区域的大学生应特别留心天气预报，一旦收到连续暴雨警告或洪水警报，立即关注水位变化，遵循官方指引，选择安全路线迅速撤离。事先准备好紧急逃生包，内含身份证件、基本生活用品、食物、水和急救包，确保在紧急情况下能快速行动。

(3) 采取居家防范措施。若洪水未至需留在家中，立即采取措施防止洪水侵入，如使用沙袋堵住门口、窗口等低处入口，关闭煤气和电源总开关，以防次生灾害。同时，储备足够的食物、干净水源和保暖衣物，以应对可能的长时间断供情况。

(4) 提升紧急逃生技巧。面对紧急洪水，若需转移，应充分利用身边的浮动物体制作简易救生工具，如木排、床板等，向高处或指定安全区转移。切记保持冷静，尽量结伴而行，增加获救机会。若无法撤离，立即寻找高点避险，如屋顶、大树，并发出求救信号等待救援。

(5) 加强灾后安全与卫生防疫。洪水退后，切勿急于返回，需确认房屋结构安全，避免触电和倒塌事故。警惕山体滑坡、泥石流等次生灾害，同时注意防范毒虫、野生动物伤害。积极参与环境卫生恢复，配合防疫部门进行消毒杀虫，注意个人卫生，饮用煮沸或瓶装水，避免食源性疾病，保障自身健康。

【任务评价】

评价内容	评价指标	分值	自评（30%）	互评（30%）	师评（40%）	总评
知识准确度	所做PPT或视频对地质灾害阐述的科学性、系统性	20				
内容有效性	所做PPT或视频对当地校园应对地质灾害的实用性	20				
呈现形式	所做PPT或视频是否生动，对观众具有吸引力	20				
表达与沟通能力	汇报人员语言表达是否清晰流畅，能否有效地传递重要信息，保持听众兴趣	20				
团队配合	分组协作是否默契、高效，成员之间是否互相帮助、主动承担工作职责	20				

项目八 网络安全篇——
驾驭数字时代的航行舵

项目环节	项目内容
项目情境	请阅读以下案例。 案例一：王强（化名），去年以优异成绩考入北京某高校学习。在刚到大学学习之初，他充满了抱负和希冀，但是后来才发现达不到自己先前的期望。虽然学习不顺利，但在网络游戏技术上进步很快，在游戏中他找到了成就感和满足感。在与同学和老师的交往中，也失去了中学时期的中心位置，感觉受到了冷落。在网络中他却交到了很多的朋友，网络让他摆脱了现实的孤独寂寞。一段时间之后，他对网络的使用和游戏有强烈的渴求和冲动感，与同学交流渐渐减少，性格变得内向，时有自卑感，情绪低落，甚至与家长对抗，对知识、体育运动和其他事物兴趣下降，出现一系列的心理问题，并经常逃课，彻夜不归。经同学和班主任劝告，一段时间内停止网络游戏，但出现周身不适、心烦易乱、易激动、上课注意力不集中、睡眠障碍等现象，后来他再次沉迷网络和游戏，网络已经成为其逃避问题或缓解不良情绪的途径。 案例二：某大学校园网络中发生了一起恶意软件传播事件。该恶意软件通过电子邮件的附件进行传播，伪装成了校园活动的通知。当学生打开附件时，恶意软件便会在电脑上运行，导致个人数据泄露和系统崩溃等问题。学校随即展开了紧急排查，并向所有学生发出了警告。此后，学校加强了对电子邮件的过滤和监控，提醒学生要谨慎打开未知来源的附件，并加强了校园网络的安全防护。
项目要求	请完成以下思考与讨论。 1. 你是否有过与案例一中王强类似的经历，你是如何应对的？ 2. 如果你是此时案例一中的王强，你应该怎么应对？ 3. 你是否遇到过案例二中的类似情况，你是如何处理的？
项目目标	**知识目标** 1. 了解网络沉迷的主要表现、成因及其对学生生理、心理的长远影响； 2. 熟知网络成瘾的心理干预理论，包括认知行为疗法、动机访谈法等； 3. 熟悉网络安全平台的构建要素，包括数据加密、身份验证、权限管理、防火墙设置及应急响应机制等。 **能力目标** 1. 能够针对不同群体设计网络沉迷干预方案； 2. 具备设计校园网络安全平台的能力； 3. 能够创作贴近学生生活、易于理解的网络安全教育内容。 **素养目标** 1. 培养对网络安全的社会责任感，以及积极传播正面信息的行为规范； 2. 提升自我监控与管理能力，学会合理安排线上与线下时间，养成健康的生活方式； 3. 提升团队合作意识，培养主动发现问题、解决问题的习惯
项目实施	1. 本人是否有过与案例一中王强类似的经历，列举应对措施。 2. 假如本人是此时案例一中的王强，列举应对办法。 3. 本人是否遇到过案例二中的类似情况，列举应对办法。
项目总结	请列举你在完成这个项目的过程中遇到的问题及解决办法

工作任务 8.1
设计一套防止网络沉迷的干预方案

【任务描述】

设计一套针对网络沉迷的干预方案,以预防与减少对网络的过度依赖,提高网络使用的健康性。

任务要求:在规定时间内,首先学习网络成瘾的定义、危害、影响因素及现有干预策略,然后根据本校情况,分组讨论设计一套综合策略,包括预防、干预措施与教育活动等。可择优展示汇报。

【任务实施】

设计一套防止网络沉迷的干预方案			
姓名:_____	班级:_____		学号:_____
实施步骤	步骤说明		过程记录
1. 知识学习与讨论	(1)学习网络综合症的概念、成因、影响与防范措施等; (2)讨论分析本校范围内学生沉迷网络的相关信息,包括比例、程度、表现等		
2. 策略设计	(1)设计预防策略,包括时间管理指导、健康上网计划、相互监督机制等; (2)设计干预措施,包括软件限制使用时间、替代活动推荐、心理辅导等; (3)设计教育活动,采用案例分享、后果教育等方式		
3. 方案整合与撰写	根据所学知识、网络内容等,撰写详细的方案内容		
4. 分享与实践	(1)小组间相互分享方案内容,并择优集中展示汇报; (2)将优秀方案推广至全校范围		
5. 反馈与总结	(1)调查、记录受众的反馈意见; (2)总结问题及经验,并优化方案		

【知识储备】

一、我国互联网络发展状况

根据最新的《中国互联网络发展状况统计报告》，我国的网民情况如下。

1. 网民规模与普及率

截至最新统计时点，中国网民规模已超过10亿人，互联网普及率在75%以上，显示出中国拥有全球最为庞大且活跃的数字社会群体，互联网的深入普及正在不断推动社会各领域的数字化转型。

2. 城乡差异缩小

农村地区互联网普及率不断提升，城乡数字鸿沟在逐步缩小，农村网民规模达到数亿级别，显示出互联网在乡村地区的快速发展和广泛应用，有助于促进乡村振兴和均衡发展。

3. 老龄化上网

老年网民群体加速融入网络社会，60岁以上老年网民规模持续增长，互联网普及率提升，反映出适老化改造和数字包容性增强，帮助老年人享受数字便利。

4. 网络应用

即时通信、网络视频、短视频等应用用户规模巨大，超过10亿，成为日常生活不可或缺的部分。同时，新兴应用如在线医疗、教育、办公等服务也迅速增长，反映了互联网对社会服务模式的深刻影响。

5. 网络基础设施

我国在信息基础设施建设上取得显著进展，5G基站总数、IPv6地址数量、光纤宽带和移动网络覆盖等均达到世界领先水平，为数字经济和智慧社会奠定了坚实基础。

6. 数字经济

数字经济持续高速增长，全国网上零售额规模庞大，成为推动经济增长的重要引擎。同时，数字支付、电商直播、国货消费等新消费模式不断涌现，展现数字经济活力。

7. 网络安全与法制建设

伴随互联网发展，网络安全法制框架不断完善，《新时代的中国网络法治建设》白皮书强调网络安全和网络空间治理，保障网民权益，促进健康网络生态。

中国网民规模庞大，互联网普及率高，城乡差异缩小，老年人群组加速触网，网络应用多元化且深入生活，基础设施建设先进，数字经济蓬勃发展，同时法制建设同步推进，共同塑造了一个充满活力且规范发展的网络社会环境。

二、网络综合症的概念

网络综合症，又称为互联网成瘾症，是一种随着互联网普及而日益凸显的心理与行为问题。它是指个体过度依赖网络，频繁使用互联网，以至于影响到日常生活、学习、工作、人际交往和身心健康的状态。网络综合症不仅限于特定年龄层，从儿童到成人都可能受到影响，但青少年由于自控能力相对较弱，更容易陷入其中。长时间沉浸于虚拟世界中，人们可能会忽视现实生活的责任和交流，导致社交技能退化，情绪问题加剧，甚至出现身体不适。

该综合症的症状多样，涉及心理与生理两个层面。心理方面，患者可能表现出对网络活动的强烈渴望，难以控制上网时间，一旦减少使用便出现焦虑、抑郁等戒断症状。他们可能在网络中寻求成就感和认同感，逃避现实生活中的压力与挑战，逐渐丧失对现实的兴趣和满足感。生理上，长时间盯着屏幕导致视力下降、颈部及背部疼痛、睡眠障碍，以及因久坐不动引发的代谢问题，如肥胖、心血管疾病等。这些症状的累积，严重时可对个人整体健康造成长期损害。

三、网络综合症形成的原因

防网络沉迷

1. 网络综合症的外因

网络综合症的外因，即外部环境因素，主要包括以下几个方面。

（1）在当今社会，互联网的普及与便捷性极大地改变了人们的生活方式。随着智能手机、平板电脑、智能家居等设备的广泛使用，网络几乎无处不在，使得人们可以随时随地进入网络世界。这种高度的可获取性为网络依赖提供了便利条件。

（2）社交媒体平台、在线游戏、视频流媒体等丰富多彩的网络内容，通过算法推荐机制不断吸引用户注意力，延长了用户的在线时间，从而可能引发网络综合症。

（3）社会竞争压力和快节奏的生活也促使一部分人借助网络逃避现实，通过虚拟世界寻求放松和满足感，进一步加剧了网络依赖。

2. 网络综合症的内因

内因则更多地涉及个体的心理和生理特质。从心理学角度看，个体的满足感缺失是一个重要因素。当人们在现实生活中感受到孤独、压力、失败或不满时，网络世界往往成为他们寻求慰藉和成就感的避风港。特别是对于青少年群体，由于处在自我认同形成的关键时期，他们在面对学业、社交等方面的压力时，更容易通过网络游戏、社交媒体等方式寻求认可和归属感，久而久之形成网络依赖。此外，性格特征，如低自尊、冲动控制能力差、完美主义倾向等，也被认为是网络综合症的内在风险因素。生理上，大脑奖赏系统的敏感性差异也会影响个体对网络刺激的反应，部分人更容易形成对网络使用的依赖。

四、网络综合症的危害

网络综合症对个体的身心健康造成了全方位的影响，其危害具体体现在以下几个方面。

1. 对生理健康的直接损害不容忽视

长时间沉浸在虚拟世界中，连续面对电脑或移动设备屏幕，会导致视力下降、眼睛干涩、颈椎和腰背疼痛等问题。此外，缺乏足够的体育活动和不规律的作息，还会引起睡眠障碍、肥胖、心血管疾病等慢性健康问题。网络过度使用还可能影响人体内分泌系统，干扰正常的生物钟，进而影响到免疫系统，降低身体抵抗力。

2. 心理健康问题同样严峻

网络综合症可能导致认知功能受损，如注意力分散、记忆力减退，这是因为持续的多任务处理和信息过载消耗了大脑的认知资源。此外，长期的网络依赖还可能引发或加剧精神健康问题，如焦虑、抑郁、社交恐惧症等。网络成瘾者在现实生活中可能感到孤立无援，社交技能退化，因为他们更倾向于逃避现实交流，转而在网络中寻找情感寄托，这进一步加剧了心理上的困扰。

3. 人际关系和社会功能受损是另一个显著危害

网络综合症患者往往忽视与家人、朋友的真实交往，导致人际关系疏远，亲情友情变淡。在工作或学习上，他们可能因为分心于网络活动而效率低下，成绩下滑，职业发展受阻。长期下去，这种状况不仅影响个人的社会角色扮演，还可能带来经济负担，如失业或学业中断，进一步加重心理压力。

4. 网络综合症还可能导致价值观扭曲和行为失范

网络世界的匿名性和虚拟性有时会降低道德约束，使一些人更容易参与网络欺凌、散布谣言、侵犯他人隐私等活动，这对社会伦理秩序构成威胁。对于青少年而言，过度沉迷于网络还可能影响其价值观的形成，对暴力、色情等内容的不当接触可能扭曲其对现实的认知，影响其健康成长。

五、网络综合症的防范

1. 增强自我意识与自我管理

大学生应主动提升网络使用的自我意识，认识到过度依赖网络的危害，包括身体健康、学习效率、人际关系等方面的风险。通过设立个人目标和时间管理计划，比如采用番茄工作法，将学习和休息时间合理分配，确保网络使用不会侵占到日常生活和学习的核心时间。利用应用程序来监控自己的网络使用情况，如设定每日上网时间上限，提醒并限制不必要的浏览和娱乐时间。

2. 培养多元化兴趣与社交活动

鼓励大学生积极参与线下社交活动，如加入兴趣社团、参与体育比赛、志愿服务等，这些活动不仅能够丰富个人经历，还能在现实世界中建立深厚的友谊，减少对虚拟社交的依赖。培养多样化的兴趣爱好，如阅读、绘画、乐器演奏等，有助于在非网络环境中找到乐趣和成就感，平衡线上与线下的生活体验。

3. 加强心理健康教育与支持

高校应重视心理健康教育，定期举办关于时间管理、压力缓解、情绪调控的讲座和工作坊，帮助学生掌握自我调节的技巧。建立完善的心理咨询服务体系，为有网络依赖倾向的学生提供专业的心理评估与干预。同时，鼓励学生主动寻求帮助，与辅导员、心理咨询师进行交流，分享自己在学习和生活中的困扰，寻找有效的解决方案。

4. 提升网络素养与批判性思维

教育大学生具备良好的网络素养，包括识别网络信息的真实性、保护个人信息安全、理解网络文化等，使他们能理性对待网络内容，避免盲目跟风和信息过载。通过开设相关课程和研讨会，提升学生的批判性思维能力，教导他们如何从海量信息中筛选有价值的内容，减少无目的浏览时间。

5. 强化目标导向与价值追求

引导大学生树立长远的人生目标和职业规划，鼓励他们将更多精力投入到专业知识学习和个人能力提升上。通过参与科研项目、实习实践、创新创业活动等，让学生体验到实现目标的成就感，增强自我价值感，从而减少对网络的逃避性依赖，促进全面发展。

【任务评价】

评价内容	评价指标	分值	自评（30%）	互评（30%）	师评（40%）	总评
方案创新性	方案是否新颖、个性化，针对不同原因提供多元解决途径	20				
方案可行性	方案实施的难易操作性，所调用资源的可行性	20				
方案的表达	方案内容结构是否层次清晰、逻辑性强，文字是否流畅、易读性强	20				
效果评估	受众对方案的反馈情况，是否具有实际效果	20				
自我反思成长	对问题分析是否具有深度，解决问题的过程是否提升了创新意识	20				

工作任务 8.2
搭建校园网络安全平台

【任务描述】

以小组为单位，设计并初步搭建一个旨在提升校园网络安全意识的在线平台，平台需包括教育资源、案例分享、互动论坛、安全工具等模块。

任务要求：快速学习网络安全基础知识、现有平台设计原则、用户体验设计；设计平台架构，选择合适的技术工具快速进行原型开发。完成初步构建后，进行功能展示，并收集反馈信息，总结经验。

【任务实施】

搭建校园网络安全平台		
姓名：_____　班级：_____　学号：_____		
实施步骤	步骤说明	过程记录
1. 知识学习	学习计算机安全的基本概念、计算机网络安全威胁的主要形式及应对措施等内容	
2. 需求分析与讨论	调研校园安全痛点，讨论拟搭建平台的期望功能	
3. 平台设计	（1）架构设计：包括首页、教育资源、案例库、互动论坛、工具、求助区等； （2）交互设计：包括导航、按钮、响应式设计、用户流程等； （3）分工协作：包括前端、后端、数据库、内容填充、美工等	
4. 平台搭建	电子信息相关专业学生可自行完成平台开发，其他专业学生可充分利用人工智能工具完成平台搭建	
5. 成果展示与反馈	（1）功能展示：包括平台原型、已实现功能、界面； （2）收集同学、老师的反馈意见，总结经验并持续改进平台	

【知识储备】

校园网络安全
宣传活动

一、计算机安全的概念

计算机安全是一个广泛的领域，旨在保护计算机系统和网络免受各种形式的威胁、攻击和未经授权的访问，确保信息的保密性、完整性、可用性和合法性。它覆盖了硬件、软件、数据以及运行过程等多个层面，涉及技术和管理两个维度。

1. 实体安全（硬件安全）

重点在于保护计算机硬件实体不受物理损坏或非法访问。这涵盖了对数据中心、服务器机房的物理安全控制，如安装安全门、监控摄像头、生物识别门禁系统，以及环境监控系统以保持适宜的温湿度和防火防灾措施。此外，还包括对移动设备、存储介质的安全管理，确保它们在丢失或被盗时数据不被泄露。

2. 软件安全

关注软件层面的防护，确保操作系统、应用程序、数据库等无安全漏洞。软件开发阶段引入安全编码规范，进行代码审计和渗透测试，以发现并修复潜在的安全弱点。部署自动化的补丁管理系统，及时修复已知漏洞。同时，使用反病毒软件、恶意软件防护工具和防火墙等软件，构建多层次的防护网。

3. 数据安全

数据是核心资产，保护数据的安全性、完整性和可访问性至关重要。采用加密技术对敏感数据进行存储和传输加密，防止数据在传输过程中被截取或篡改。实施严格的数据访问控制和权限管理，确保只有授权用户才能访问数据。定期备份数据并制订灾难恢复计划，保证数据丢失后的快速恢复。

4. 网络安全

网络层面上的安全措施旨在阻止未经授权的网络访问和保护网络流量。这包括网络架构的合理设计，如网络分段、DMZ 的使用，以及部署防火墙、入侵检测与防御系统（IDS/IPS）来监控和阻止潜在的网络攻击。使用 SSL/TLS 等协议加密网络通信，保障数据传输过程的安全性。

5. 信息安全政策和管理

制定并执行一套全面的信息安全政策，涵盖安全策略、程序和指南，指导组织内的信息安全实践。这包括用户教育和培训，提高员工对信息安全重要性的认识，以及实施定期的安全审计和风险评估，确保政策的有效执行和持续改进。

6. 人因安全

人是信息安全链中最薄弱的一环，因此人因安全成为关键一环。通过持续的安全意识培训，让员工了解社会工程学攻击、钓鱼邮件等常见威胁，提高警惕性。建立内部报告机制，鼓励员工报告可疑活动，同时处理好内部威胁，比如因不满情绪或利益驱动而可能泄露信息的员工。

7. 新兴技术安全

面对云计算、大数据、人工智能、物联网（IoT）等新兴技术的快速发展，需要不断探索和实施新的安全策略。例如，在云环境中实施多租户隔离、数据加密和访问控制；在大数据应用中确保数据隐私和合规性；针对 AI 系统，要防范模型攻击和数据操纵；在 IoT 设备上实施严格的身份验证和安全更新策略，以应对日益复杂的威胁环境。

二、计算机网络安全威胁的主要形式

1. 非授权访问

这是指没有得到适当授权的个人或程序试图访问网络资源的行为,包括假冒身份、绕过系统访问控制机制、越权操作等,它可能涉及非法用户入侵或合法用户滥用权限。

2. 信息泄露或丢失

敏感信息在传输或存储过程中被未经授权的个人获取,可能导致个人隐私、商业机密或国家安全信息的泄露。

3. 窃听

攻击者通过监听网络通信,获取传输中的数据,包括密码、个人消息等敏感信息。

4. 重传攻击

攻击者捕获并重新发送合法的网络数据包,可能导致重复交易、信息混乱或系统异常。

5. 篡改

信息在传输过程中被恶意修改,使得接收方收到的信息不再是原始信息,这可能包括数据篡改、插入恶意指令等。

6. 拒绝服务攻击

通过大量无意义的请求淹没目标系统,使其无法响应正常的服务请求,导致服务中断。

7. 病毒、蠕虫、木马和恶意软件

这些软件旨在破坏系统、窃取数据或控制计算机,通过电子邮件、恶意链接、下载等途径传播。

8. 网络钓鱼

通过伪造的电子邮件、网站或消息,诱导用户提供敏感信息,如用户名、密码或财务信息。

9. 数据泄露

因系统漏洞或内部人员的恶意行为,导致敏感信息被未经授权的人获取,可能造成个人隐私暴露或经济损失。

10. 恶意广告

通过在线广告传播恶意软件,用户点击后会激活恶意代码,影响计算机安全。

11. 行为否认

用户否认其在网络上的行为,如交易、信息发送等,这需要强大的认证和日志记录机制来防止。

12. 电子欺骗

伪造来源或身份，使接收者相信信息来自可信源，从而获取信任并执行恶意操作。

13. 资源耗尽

攻击者通过消耗目标系统的资源，如内存、磁盘空间或带宽，影响其正常运行。

14. 业务流分析

通过对网络流量的分析，攻击者可以推断出系统行为、用户习惯等信息，为后续攻击做准备。

三、计算机网络安全威胁的应对措施

（1）建立健全安全政策和管理制度：制定和执行一套全面的信息安全政策，包括访问控制策略、密码管理规定、数据分类与保护政策等，确保员工清楚其在网络安全中的角色和责任。

（2）加强用户教育和意识培训：定期对员工和用户进行网络安全意识教育，包括识别钓鱼邮件、不点击未知链接、不轻易透露个人信息等，提升自我防护能力。

（3）部署防火墙和入侵检测系统：部署防火墙以控制进出网络的流量，阻止未经授权的访问，同时使用入侵检测系统监控网络活动，及时发现并响应潜在的攻击行为。

（4）采用加密技术和数据保护：对敏感数据进行加密，无论是在传输中还是存储时，确保即使数据被截获也无法被解读。实施数据备份和恢复策略，以防数据丢失或被破坏。

（5）软件和系统更新：定期更新操作系统、应用程序和安全软件，修补已知的安全漏洞，减少被攻击的风险。

（6）访问控制和身份验证：采用多因素认证，确保只有经过验证的用户才能访问系统资源，实施最小权限原则，限制用户仅能访问其工作必需的资源。

（7）网络分段和隔离：通过网络分段将不同区域隔离开来，限制横向移动，保护核心系统和数据不受攻击影响。

（8）定期安全评估和漏洞扫描：进行定期的安全评估和漏洞扫描，发现并修复系统和网络中的安全弱点。

（9）制订应急响应计划：制订详细的网络安全事件应急响应计划，包括事件报告流程、应急团队组建、备份恢复步骤等，确保在发生安全事件时能迅速有效应对。

（10）采用最新的安全技术和工具：利用人工智能、机器学习等技术增强威胁检测和响应能力，同时使用安全信息和事件管理系统整合安全信息，提升监控效率。

（12）确保监管合规：确保系统的网络安全实践符合行业标准和法律法规要求，进行必要的合规性检查和评估。

四、计算机病毒的防范与处理

1. 计算机病毒的概念及其特征

计算机病毒是一种恶意软件，它是由编制者故意设计并在计算机程序中插入的代码，旨在破坏、篡改计算机的功能或数据，影响计算机的正常使用，并且具有自我复制的能力。计算机病毒的核心特征包括以下几个方面。

（1）自我复制性：这是计算机病毒最本质的特征，它能够复制自身的副本并将其插入到其他程序中，从而扩散到整个计算机系统甚至网络中的其他设备。

（2）传播性：病毒能够通过各种途径在不同的计算机之间传播，如通过网络共享、电子邮件、可移动存储设备等。

（3）隐蔽性：病毒往往隐藏在合法的程序中，不易被用户或安全软件直接察觉，从而能够在不引起注意的情况下进行破坏。

（4）感染性：任何执行了含有病毒代码的程序或访问了感染病毒的媒介的计算机都可能被病毒感染。

（5）潜伏性：病毒可以在一段时间内不表现出任何活动迹象，等待特定条件触发后才开始执行其破坏行为。

（6）可激发性：许多病毒设计有触发机制，如特定日期、系统事件或用户操作，一旦条件满足，病毒就会激活并执行其预定功能。

（7）表现性或破坏性：病毒的表现形式多样，有的会显示信息、修改屏幕图像，有的则会删除或破坏数据、损坏系统文件，严重时甚至导致系统崩溃。

2. 计算机病毒的传播途径

（1）通过移动存储设备：早期的病毒常通过软盘传播，而在现代，U盘、移动硬盘、SD卡等可移动存储设备成为病毒传播的重要途径。当这些设备在感染病毒的计算机和干净计算机之间交替使用时，就可能携带并传播病毒。

（2）网络共享：通过局域网或互联网的文件共享、网络驱动器访问等，病毒可以快速扩散。电子邮件附件、下载的文件、即时消息、社交媒体链接等都是常见的网络传播渠道。

（3）恶意网站和网页：访问含有恶意脚本的网页时，浏览器的漏洞可能被利用，从而使病毒悄无声息地下载到用户的计算机上。

（4）软件和应用：不安全的软件下载站点、盗版软件，或是被篡改过的应用程序安装包，都可能携带病毒。用户在不知情的情况下安装这些软件，也会使计算机受到感染。

（5）社交媒体和即时通信工具：通过链接、文件分享、恶意广告等形式，病毒能在社交网络和即时通信平台上传播。

（6）恶意广告：看似正常的在线广告可能隐藏了恶意代码，当用户浏览含此类广告的网页时，病毒即被激活并下载至用户设备。

（7）漏洞利用：黑客利用操作系统、浏览器、常用软件中的安全漏洞，制作针对性的攻击代码（如零日漏洞攻击），通过网络直接植入用户计算机。

（8）物联网设备：随着物联网技术的发展，智能设备（如智能家居、安防系统）也可能成为病毒传播的新渠道，尤其是在安全防护较弱的情况下。

3. 计算机病毒的主要危害

（1）数据破坏与丢失：病毒可能删除或修改用户的重要文件，导致数据丢失或损坏，有时甚至无法恢复，给个人和企业带来重大损失。

（2）系统性能下降：病毒通过占用大量系统资源，如内存，导致计算机运行速度显著减慢，影响工作效率。

（3）硬件损坏：某些病毒能够攻击硬件，如CIH病毒能够破坏主板上的BIOS，导致计算机无法启动；"鬼影"病毒寄生于硬盘主引导记录，难以彻底清除，长期损害硬盘。

（4）信息泄露：病毒可能窃取用户的敏感信息，包括银行账号、密码、个人隐私等，导致经济和个人隐私的双重损失。

（5）网络瘫痪：病毒通过网络传播，可能引发大规模的网络攻击，如分布式拒绝服务攻击，导致服务器或网络服务瘫痪。

（6）软件与系统功能失常：病毒可能篡改或删除系统文件，干扰系统正常运行，导致频繁死机、应用程序无法打开或系统崩溃。

（7）经济损失：修复受病毒感染的系统、恢复数据、弥补信息泄露的损失等都需要投入大量资金，对个人和企业而言是一笔不小的开销。

（8）信誉损害：对于企业而言，数据泄露或服务中断不仅带来经济损失，还可能损害企业形象和客户信任度。

（9）法律风险：信息泄露或被用于非法活动，可能导致企业面临法律诉讼的潜在风险。

4. 计算机中毒的表现

（1）运行速度变慢：计算机启动或运行程序时明显变慢，响应延迟，这可能是病毒占用系统资源导致的。

（2）频繁弹出广告或错误提示：不受控制的弹窗广告，特别是成人内容、赌博、药品广告等，以及错误警告，可能是病毒试图诱导用户点击或安装更多恶意软件。

（3）安全软件失效：杀毒软件或其他安全工具无法正常启动、更新或执行扫描，这通常是病毒试图绕过安全防护的迹象。

（4）密码问题：账户密码无故被更改，或需要密码的软件登录出现问题，表明病毒可能尝试获取或篡改个人信息。

（5）文件被修改或丢失：文件被无故移动、删除或被加密（如勒索软件），导致无法正常打开或文件内容被破坏。

（6）系统异常：如系统频繁死机、蓝屏或黑屏，可能是病毒干扰了系统核心组件或驱动程序。

（7）主页或搜索引擎被篡改：浏览器主页被无故更改，或被定向到不熟悉的网站，即使更改设置也无法恢复原状。

（8）未知进程或服务：任务管理器中出现不明进程，特别是那些看起来像是随机字符组合的进程名称，可能是病毒在后台运行。

（9）硬盘空间异常减少：硬盘空间突然减少，出现大量未知或临时文件，这可能是病毒复制自身或下载其他恶意软件所致。

（10）网络流量异常：即使没有进行大量数据传输，网络流量仍然很高，可能是因为病毒在后台偷偷上传数据或参与僵尸网络活动。

（11）外部设备异常读写：U盘、移动硬盘等外接设备在未进行读写操作时出现读写指示灯闪烁，可能是病毒试图自动传播。

（12）系统无法启动：引导信息被病毒修改，导致操作系统无法正常启动，或者系统关键文件被删除或破坏。

5. 计算机中毒的处理办法

（1）断开网络连接：发现计算机中毒后，应立即断开所有网络连接，包括有线网络和无线网络，以防止病毒进一步传播或从远程控制端接收更多指令。

（2）备份重要文件：在确保网络已断开的前提下，将重要数据、文档、邮件等资料备份到外部存储设备如U盘、移动硬盘或刻录光盘上。注意，在备份过程中，这些文件可能包含病毒，备份后需在安全环境下进行病毒扫描。

（3）安全模式下操作：重启计算机并尝试进入安全模式。安全模式下，许多病毒不会自动加载，便于进行后续的清理工作。

（4）全面杀毒：使用最新的杀毒软件进行全面扫描。确保杀毒软件的病毒库是最新的，以便识别和清除最新病毒。执行深度扫描，包括扫描压缩文件、电子邮件及系统的所有部分。对于检测到的病毒，根据杀毒软件的建议进行清除、隔离或修复操作，避免直接删除文件以免误删重要数据。

（5）系统修复：如果病毒造成了系统文件损坏，可能需要修复或重新安装操作系统。但在重新安装前，务必确保所有重要数据已被安全备份，并且安装介质和过程是干净无病毒的。

（6）更改密码：在确保病毒被清除后，更改所有重要账户的密码，包括邮箱、社交媒体、银行账户及任何可能受到影响的在线服务密码，以防信息被盗用。

（7）检查并修复系统设置：病毒可能会篡改浏览器主页、系统设置等，需要逐一检查并恢复到正常状态。

（8）更新软件和补丁：确保操作系统和所有应用程序都是最新版本，并安装所有安全更新，以修补可能被病毒利用的漏洞。

（9）培养安全习惯：未来使用计算机时，应提高警惕，不随意点击不明链接、不下载来源不明的文件，定期备份数据，并保持杀毒软件实时监控开启。

【任务评价】

评价内容	评价指标	分值	自评（30%）	互评（30%）	师评（40%）	总评
调研情况	开展调研的广度，所收集问题是否具有代表性	20				
设计方案	方案的完整性、创新性、可行性	20				
技术实现	代码质量、功能稳定性	20				
团队协作	角色分配是否合理、分工协作的高效性	20				
反馈与总结质量	相互反馈问题的针对性，对改进措施响应的时效性、指导性	20				

工作任务 8.3
制作网络安全意识教育系列微课

【任务描述】

以小组为单位，创建一套面向大学生的网络安全教育微课程。

任务要求：每个小组需制作至少 2 集微课，每集时长 3～7 分钟，内容涵盖网络钓鱼、个人信息保护、安全浏览习惯、社交媒体陷阱识别等。微课内容需主题突出、信息传递准确，视频清晰流畅，对观众具有吸引力。

【任务实施】

制作网络安全意识教育系列微课			
姓名：_____	班级：_____		学号：_____
实施步骤	步骤说明		过程记录
1. 知识速记与团队组建	（1）快速学习网络安全基础概念等； （2）自组团队（3～4人一组），确定团队角色（如编剧、导演、摄像、后期制作）		
2. 主题策划与脚本初稿编写	（1）团队讨论确定各自微课主题，结合实际案例构思情节； （2）编写脚本草稿，包含开场白、主体内容、互动环节及结尾		
3. 录制工具准备	选定可用的录制设备（如手机摄像头）、基本录制技巧（光线、声音），以及推荐的免费或低成本视频编辑软件		
4. 分组筹备与录制	（1）小组根据脚本进行场景布置、角色分配； （2）在简单的录制尝试后，正式启动录制工作		
5. 初步编辑与成果整合	（1）使用视频编辑软件，对录制内容进行初步裁剪、添加基本字幕； （2）汇总各小组的成果，形成系列微课的概览介绍		

【知识储备】

一、电脑上网安全

网络安全重要性

1. 网络登录与认证安全

在互联网使用过程中，涉及网站访问、电子邮件服务及各类应用程序登录时，账号与密码作为用户身份验证的核心要素，其安全性直接关系到个人信息的保护。鉴于此，维护账号密码安全显得尤为重要,任何泄露都可能导致不可估量的后果。为此,需牢记以下几点指导原则。

（1）密码创建应遵循复杂性原则,结合大小写字母、数字及特殊符号,设定足够长度,避免使用易猜测的组合。

（2）个人账号密码应视为私密信息,避免向他人透露。

（3）在公共场所如网吧使用电脑时,禁用"保存密码"功能,操作结束后确保安全退出账号,并考虑重启系统以消除痕迹。

2. 网页浏览与信息安全

（1）优化浏览器安全配置。当前主流浏览器均内置安全级别调节功能,合理配置可有效屏蔽非法网站,为计算机系统及个人信息筑起一道防护墙。

（2）积极规避非法内容网站,尤其是涉及政治敏感、色情及暴力信息的站点。此类网站不仅对青少年心理健康构成威胁,还可能利用浏览器漏洞实施恶意攻击。

（3）提高警惕,避免随意点击来源不明的链接。

（4）下载软件及资料时,应优选官方渠道或信誉良好的网站,确保资料来源的合法性与安全性。

二、手机上网安全

随着智能手机在高校学生中的普及率近乎100%,且超过八成的学生通过手机接入互联网,手机网络安全已成为现代网络安全框架下的一个关键环节。因此,提升学生在使用手机上网时的安全意识和自我保护能力显得尤为重要。

手机安全上网的关键策略主要体现为以下几个方面。

（1）保护隐私功能：在日常使用的通信应用中,如微信,在隐私设置中禁止陌生人查看个人相册,以减少不必要的曝光。

（2）谨慎分享个人信息：避免在社交平台公开分享家庭成员照片及居住地址等敏感信息。这些零散信息的累积可能被不法分子整合利用,带来安全隐患。

（3）警惕信息测试陷阱：面对网络上的各种问卷调查和兴趣测试,尤其是要求提供年龄、爱好、性别等个人信息时,应审慎参与。个人信息的泄露可能被第三方用于非法目的。

（4）妥善处理旧手机：旧手机尤其是含有敏感数据的设备,不应随意丢弃或出售。数据虽看似删除,但实际上可能被恢复,导致信息泄露。推荐进行彻底的数据删除或专业回收处理。

（5）审慎授权应用权限：在安装手机应用时,仔细阅读权限请求,仅授权必要权限。对于请求访问位置、通话记录等无关应用功能的需求，应拒绝授权或考虑更换应用。

（6）公共 WiFi 使用需谨慎：公共无线网络可能成为信息窃取的渠道。在公共场所，即便存在免费 WiFi，也应优先考虑使用移动数据或确认网络安全性后再连接。

（7）验证码保护：验证码是账户安全的重要屏障，绝不能轻易透露给他人。任何索要验证码的行为都应视为可疑，以防账户被非法入侵。

三、网络交友安全防范

（1）信息分享的界限：在网络聊天和社交平台上，应保持适度的隐私意识，避免过度披露个人细节，如住址、行程安排及联系方式等敏感信息。在个人资料和日志中，亦需谨慎发布生活动态，以免信息泄露。

（2）审慎安排线下会面：在决定与网友见面之前，应通过多种途径深入了解对方，初步建立信任。可以通过语音通话增进了解，而非急于直接面对面接触。

（3）确保会面安全：计划与网友会面时，务必将行程告知家人或亲近的朋友，包括会面的时间、地点及对方的基本情况，以备不时之需。

（4）会面地点与时间的选择：选择自己熟悉的公共场合作为会面地点，最好是人流密集的区域，并且安排在白天。建议结伴而行，拒绝单独赴约。在此期间，应警惕食物和饮品的安全，避免由对方提供饮食，并随时留意个人财物，避免贵重物品外借。

（5）灵活应变，安全第一：若发现对方提议前往陌生或不安全的地点，或其行为举止异常，应立刻警觉，考虑适时终止会面。遇到紧急情况时，应迅速寻求周围人的帮助或直接联系警方，确保个人安全。

四、网络购物安全防范

（1）商家信誉评估：在下单购买之前，务必细致考察卖家的信誉水平。信誉评价是衡量卖家可靠性的重要指标。优先选择拥有合法资质的网站和商家，这类网站通常会展示其在线销售许可编号、工商部门颁发的红盾标识以及 ICP 备案证书。用户可检查网站底部的数字证书信息，以验证商家的合法"身份"。

（2）警惕异常低价：对异常低廉的商品保持警觉，尤其是名牌商品，正规渠道的产品价格差异不会过于悬殊，除非是二手或瑕疵品。

（3）明确商品信息：面对描述含糊不清的商品介绍时，主动与卖家沟通，要求详细说明，避免落入文字游戏的陷阱。

（4）优选第三方支付：推荐使用安全的第三方支付平台完成交易，如采用货到付款或支付宝等具备第三方保障的支付方式。使用银行卡支付时，务必避免在公共电脑（如网吧）操作，建议设立专门的网银账户或专卡专用，并控制账户内资金量，一旦发现问题，立即与银行联络。

（5）关注邮费合理性：购物前与卖家确认实际邮费，以防商品标价低但邮费异常高昂的陷阱。

（6）保留交易证据：对于高价值商品，尽量索取正式发票，并与卖家保留完整的沟通记录，包括邮件、聊天记录等，作为日后可能需要的维权依据。即使是小额商品，也同样重视交易证据的保存。

五、网络诈骗类型与防范

（1）冒充社交软件好友借款：诈骗者利用黑客工具破解账号密码，假冒身份向受害者的好友请求经济援助。对此类情况，最佳做法是首先通过电话等直接沟通方式与好友本人确认，以防欺诈。

（2）网络游戏虚拟物品交易陷阱：此领域诈骗手法多样，包括：以低价诱饵吸引买家，要求线下汇款后消失；承诺代练服务，得手后携款及账号一同消失；交易账号时提供详尽信息，交易完成后不久即盗回账号。应对策略是选择官方或信誉平台交易，避免私下转账。

（3）情感诈骗：不法分子通过社交平台建立虚假友谊或恋情，随后以各种理由请求经济帮助，一旦得手便销声匿迹。对此，应保持警惕，避免未经充分了解就进行财务往来。

（4）虚构中奖信息诈骗：犯罪分子广泛发送中奖通知，引导受害者通过特定电话或网址查询，随后以税费、手续费等借口多次要求汇款。收到此类信息，不论多么逼真，切记不轻信、不转账。

（5)"钓鱼网站"欺诈：通过伪装的电子邮件和仿冒的金融网站，诱骗用户提供账户信息，进而盗取资金。防范措施包括仔细检查网址真伪，不轻易点击邮件中的链接，尤其在输入敏感信息前，确认网站安全。

针对上述诈骗手法，学生应培养高度的辨别能力和安全意识，坚持"不轻信、不透露、不转账"的基本原则，有效守护个人财产安全。同时，遇到疑似诈骗情况，应及时向相关部门举报，共同维护网络安全环境。

六、个人信息泄露后的法律维权途径

在面临个人信息泄露的情况下,可采取以下几种法律手段维护自身权益,确保个人权利得到保护。

(1)即时采取措施要求删除与制止:根据全国人民代表大会常务委员会关于加强网络信息保护的决定,个人一旦发现信息被非法泄露,有权立即要求相关的网络服务提供商删除泄露的个人信息,或采取其他必要的措施以阻止信息的进一步扩散。

(2)多渠道投诉与举报:受害者可以向公安机关、互联网监管机构、工商行政管理部门、中国消费者协会、行业监督部门及相关职能单位进行投诉和举报。特别是,国家互联网信息办公室下设的互联网违法和不良信息举报中心,专门负责受理并处理公众对互联网上违法违规信息的举报。该举报中心设有热线电话"12377",以及官方网站"www.12377.cn",方便公众随时反映问题。

(3)法律诉讼与索赔:根据《中华人民共和国民法典》《中华人民共和国消费者权益保护法》等相关法律法规,受害者有权采取进一步的法律行动,包括但不限于要求侵权方公开道歉、消除不良影响、恢复名誉,以及赔偿因信息泄露造成的经济损失和其他精神损害。通过法律途径,受害者能够全面且有力地维护自身的合法权益,确保个人信息安全与尊严得到应有的尊重和保护。

【任务评价】

评价内容	评价指标	分值	自评(30%)	互评(30%)	师评(40%)	总评
内容相关性与准确性	微课内容是否紧密围绕网络安全主题,信息是否准确无误	20				
创意与吸引力	故事情节、视觉元素是否新颖、引人入胜,能否有效吸引目标观众	20				
技术实现	视频质量(清晰度、音质)、剪辑流畅度、字幕准确性等	20				
团队合作与角色履行	团队成员间协作情况,各角色是否有效履行职责	20				
时间管理与效率	是否在规定时间内高效完成任务,合理分配各个阶段的时间	20				

项目九 实训安全篇——实训场地标准化操作与应急处理演练

项目环节	项目内容
项目情境	请阅读以下案例。 案例一：2021年7月27日，广州某大学药学院的实验室在清理通风柜时发现之前毕业生遗留在烧瓶内的未知白色固体，一学生用水冲洗时发生炸裂，炸裂产生的玻璃碎片刺破该生手臂动脉血管，在场同学和老师及时施救，120救护车将受伤学生送至附近医院进行处理后，经该医院协调转至广州另一所医院，经治疗后该生伤情得到控制，无生命危险。 案例二：几年前的一个晚上，美国某大学实验室发生机械伤害事故。该校天文和物理学专业大四女生M，在该校实验大楼地下间操作机床设备，可能由于不熟悉操作规程且疏忽大意，导致其头发被绞进正在运转的车床内，最终因"颈部受压迫窒息死亡"。次日凌晨2点30分，在同一栋楼的同学发现其尸体，随即电话报警。
项目要求	请完成以下思考与讨论。 1. 请分析上述2个案例，其分别发生的原因有哪些？ 2. 如果你是案例一中的学生，你在发现上述"未知白色固体"后，应该如何应对？ 3. 你在校园实习实训中，有过哪些不当行为？如何避免？
项目目标	**知识目标** 1. 熟知有关实训场所安全的法律法规、行业标准，理解安全管理体系的构成与要求； 2. 学会识别实训设备、环境中的潜在安全风险点，理解风险评估的方法和分类标准； 3. 理解实训室常见安全事故（如火灾、化学品泄漏、机械伤害）的应急处理理论以及预防措施。 **能力目标** 1. 能够按照标准化流程，正确、安全地操作实训设备，确保实训操作过程中的个人与他人安全； 2. 能够对潜在事故设计详尽、可行的应急处理预案； 3. 能够组织或参与应急处理预案的模拟演练，确保参与者熟练掌握紧急情况下的行动指南和协同作业。 **素养目标** 1. 培养主动遵守实训规章制度的意识，强化规则意识； 2. 提升团队协作的意识，培养集体荣誉感； 3. 培养面对突发事件冷静分析、应对的心理素质； 4. 保持对安全知识持续学习的热情，培养创新意识
项目实施	1. 上述2个案例，其分别发生的原因分析。 2. 假如本人是案例一中的学生，在发现上述"未知白色固体"后的应对措施。 3. 本人在校园实习实训中的行为思考，以及应对措施。
项目总结	请列举你在完成这个项目的过程中遇到的问题及解决办法。

工作任务 9.1
实训场地安全规章制度制定

【任务描述】

为学校特定实训场所设计一套详尽的安全规章制度，包括操作流程、紧急预案等，以提升全校师生实训的安全意识与操作规范性。

任务要求：在规定时间内，学习安全法规、了解实训场地安全知识，设计规章制度，制定具体执行流程，并汇编成文档形式进行分享、总结。

【任务实施】

<table>
<tr><td colspan="3">实训场地安全规章制度制定</td></tr>
<tr><td colspan="3">姓名：_____ 班级：_____ 学号：_____</td></tr>
<tr><td>实施步骤</td><td>步骤说明</td><td>过程记录</td></tr>
<tr><td>1. 知识学习与调研</td><td>（1）学习安全生产相关法律法规、学校安全管理制度等；
（2）进行实训场地调研，包括设备特性、潜在风险、过往事故案例等</td><td></td></tr>
<tr><td>2. 设计制度框架</td><td>设计框架内容，包括安全总则、设备操作规范、个人防护、应急处置、事故报告流程</td><td></td></tr>
<tr><td>3. 制度汇编</td><td>根据制度框架，合理安排小组分工，各自查阅资料并完成相应内容的编写，汇总整理成完整的规章制度</td><td></td></tr>
<tr><td>4. 展示与分享</td><td>（1）小组之间展示、评价任务成果；
（2）基于相互提出的意见，进一步优化该制度</td><td></td></tr>
</table>

【知识储备】

一、实训（实验）事故发生的原因

实训安全

实训（实验）事故发生的原因众多，涉及多个层面，具体如下。

（1）操作不当：学生或教职员工在进行实训操作时未遵循安全规程，如错误操作设备、不恰当混合化学品、忽视个人防护等，这些都是引发事故的常见原因。

（2）设备老化与维护不足：实训室设备若长期未得到及时维护、更新或维修，可能出现故障，如线路老化导致的短路、设备过热或失效，从而引发火灾、爆炸等事故。

（3）安全管理缺失：实训室安全制度不健全，缺乏有效的安全培训、监管不力、应急演练不足，以及安全责任制度执行不严，都会增加事故发生概率。

（4）危险化学品管理不善：化学品的不当存储、使用和处理，包括混合不兼容化学品、不安全处置废液、未控制气体泄漏等，都可能引发火灾、中毒、爆炸。

（5）人员安全意识薄弱：实训人员缺乏必要的安全意识，不了解实训室安全规定，或在实训中存在侥幸心理，不佩戴防护装备，增加了事故风险。

（6）环境因素：实训室内外部环境因素，如自然灾害（地震、雷暴）、电力中断或网络攻击等，也可能间接导致实训失控，引发安全事故。

（7）生物安全漏洞：微生物实训室中，不当处理生物样本、未严格遵守无菌操作规程，可能导致生物污染、感染或病原体泄漏。

（8）个人行为因素：疲劳、压力、分心或过度自信等个人因素也可能导致操作失误，从而引发事故。

二、实训（实验）安全的基本规范

实训（实验）安全的基本规范综合考虑了实训室的功能、设备特性及操作要求，旨在确保人身和财产安全，避免违规操作带来的风险。具体规范主要有以下几个方面。

（1）教师职责：实训（实验）指导教师应准时到位，全程组织指导实训活动，不得擅自离岗。在实训前，教师需向学生详尽讲解设备的安全操作规程及注意事项，并提供必要的安全防护用品，强调爱护公共财物与安全意识。

（2）安全教育与理论准备：学生必须接受全面的安全教育，包括水、电、气和化学品的基本使用知识，以及紧急事故的应对措施。此外，学生需预先学习理论，明确实训（实验）目的、原理、步骤及潜在的安全隐患。

（3）个人准备与着装要求：学生进入实训室前，应做好个人准备，穿着适合的服装，避免短裤、短袖、裙子、高跟鞋、拖鞋或凉鞋等不安全着装。

（4）安全设施知晓与应急处理：学生需熟悉实训室中的电源、燃气、水源总开关位置，以便紧急情况下快速关闭，控制险情。

（5）操作规范与纪律：学生应严格遵守操作规程，听从指导教师安排，未经许可不得更改实训步骤。实训前需经教师检查确认无误后开始，操作中认真记录，遵守实训室纪律，不擅自使用无关设备。

（6）教师监管与交接：实训期间，指导教师需在场监管，临时离岗时应委托其他教师代管，并告知注意事项。

（7）异常处理：实训中发现设备损坏或异常，学生应立即断电，保护现场，并报告教师处理。

（8）实训结束整理：实训完成后，学生需恢复设备原状，关闭水气阀门，断电，整理好个人物品及废弃物，检查并关闭门窗，保持实训室整洁。

（9）禁止行为：实训室内严禁吸烟、就餐、住宿或进行非实训相关活动，确保实训环境的专业与安全。

三、实训安全应对措施

实验安全1　　实验安全2

1. 实训火灾防范策略

鉴于实训环境中普遍存在易燃材料且操作环节涉及火源、电源及危险化学品，遵循严格的安全规范至关重要，以防止火灾事故的发生。具体策略如下。

（1）电气安全操作：实训室内禁止私自使用非授权电热器具或明火。进行电气操作时，务必保持与易燃物及危险化学品的安全距离，并在操作完毕或断电时，立即切断电源连接。

（2）电路保护：正确安装并维护保险丝，确保其规格匹配，以防电路过载导致的火灾风险。对电热设备的使用需格外留心，确保周围环境具备防火隔热措施。

（3）加热设备管理：电烘箱等高温设备需放置于防火隔热层上，严禁存放任何易燃物品。电烙铁、电热器等工具使用后应妥善放置，避免接触可燃物质。

（4）火源管控：实训台上应避免放置火种（如火柴、打火机）及易燃液体（如酒精灯、喷灯）等，以防意外引燃。

（5）化学品管理：对于乙醚、丙酮等高度易燃溶剂，使用时需确保无明火、电火花及静电释放，并及时回收处理，避免排入下水道造成潜在火灾风险。同时，对自燃性物质（如磷、金属钠）采取隔离存储，谨慎操作。

（6）实训结束后的清理：每次实训结束，参与者需协同完成安全检查，包括关闭所有电源、水源、气源，妥善处理化学品残留，清理易燃废弃物，确保实训室无火灾隐患。

（7）消防知识普及：熟悉实训室内消防设施的位置与使用方法，遇火情应冷静应对，根据火源性质选择合适的灭火器材（如水、干粉、二氧化碳等）进行初期灭火，并立即报警。

（8）个人防护：操作易燃物后，及时清洗手部及衣物，避免接近火源。

（9）混合物安全：严格禁止氧化剂与可燃物混合研磨，以防剧烈反应引发火灾。

2. 实训爆炸安全防护策略

实训室中爆炸事故多由操作不当引发，特别是可燃气体与空气以特定比例混合或遭遇电火花等热源时极易引发灾难性后果。因此，建立有效的爆炸预防体系对于实训活动至关重要。具体策略概括如下。

（1）彻底认知材料特性：每次实训前，全面掌握涉及易燃、易爆物质的基本属性与特征。例如，了解氢气、乙炔的易燃性，氧气的助燃作用，以及特定气体、液体（如乙醚、松节油）、固体（苦味酸等）在特定条件下的燃烧爆炸性能。

（2）安全存储与操作：严格区分存放易燃、易爆物质，避免强氧化剂与强还原剂共存，减少不兼容化学品间的潜在风险。

（3）谨慎操作与监督：依据化学品特性与用量指导书进行操作，并在教师监督下执行高危实训，以避免疏忽引起的事故，如沸水与燃气的不当处理或误用乙醚引发的爆炸。

（4）综合防护"七防"原则：在处理爆炸物品时，执行严格的预防措施，涵盖气体混合、火源、摩擦撞击、电火花、静电、雷电及有害化学反应的防范。

（5）废物处置与爆炸物管理：正确处理易燃液体废料，避免倒入下水道，应将其密封于金属容器内。实训剩余爆炸性物质须按规定上交，严禁私下处置或传递。

（6）气体钢瓶安全管理：确保气体钢瓶分类存放，稳固直立且不混用不同气体，特别注意氯、氨、氢、氧、乙炔等气体的隔离。使用可燃气体时，保持通风良好，防止气体积聚。

（7）应急响应与日常检查：察觉疑似燃气泄漏时，首先开窗通风，避免一切可能产生电火花的行为。移动或使用高压气体时轻缓操作，避免直接面对人。

（8）限制易燃物存量：实训室内不宜大量储存易燃物质，减少潜在爆炸物总量。

（9）特定气体的特殊处理：针对氢气、乙炔、环氧乙烷等易形成爆炸性混合物的气体，操作全程严禁火源，确保绝对的火源隔离。

3. 实训中毒防护措施

在某些实训环节中，可能会遇到具有毒性的化学物质，这些有毒物可经由皮肤吸收、消化道摄入或呼吸道吸入对人体构成威胁。因此，加强实训中的中毒防护，确保个人安全，是至关重要的任务。具体措施如下。

（1）化学品标识与管理：所有化学品务必明确标注，全面了解其化学性质与潜在危害。遵循安全规程限量领用，严禁私自保存化学品，尤其是剧毒物质。

（2）个人防护装备：进行含毒实训时，必须穿戴齐全的防护服与防毒面具，确保身体得到有效保护。

（3）谨慎操作化学品：操作危险化学品时，务必小心谨慎，避免任何可能引发意外的操作，比如剧烈摇晃、碰撞、摩擦、重压或倾洒。专注于当前实训，勿擅自触碰无关仪器或药品。

（4）食品安全与卫生习惯：实训室内严禁携带食品及餐具，以防交叉污染。禁止在室内进食、饮水或以口尝试试剂。识别化学品气味时，应采用扇风法而非直接嗅闻，操作后及时清洗双手，就餐前后更要彻底清洁。

（5）规范有毒药品使用：严格遵守操作规程，特别关注对皮肤有害物质的处理，一旦有药品溅落，迅速清理并消毒污染区域。实训结束，需妥善处理废弃物，严禁随意丢弃。

（6）确保良好通风：实训全程应维持良好的通风条件，对于产生强烈刺激或有毒烟雾的操作，必须在配备高效排风设备的通风橱内进行，操作者头部不应探入通风橱内部。

（7）防止皮肤接触毒物：注意避免皮肤直接接触毒性物质，特别是氰化物、高汞盐、可溶性钡盐、重金属盐及砒霜等高度危险药品，需加倍小心并严格控制管理。

（8）紧急应对中毒事件：一旦发现中毒迹象，应立即启动应急预案，将中毒人员送往医院进行专业救治。

4. 实训室电击防护措施

在实训活动中，正确执行用电操作是预防电击事故的关键。具体防护措施概括如下。

（1）事前安全检查：实训开始前，细致检查电路布局与设备，确保符合安全标准，绝缘性能优良。遇到线路或设备异常，应立即向指导教师报备。

（2）新设备使用培训：首次使用电学仪器前，务必阅读操作手册，透彻理解使用方法及安全须知，确保正确操作。

（3）保持干燥与适度：操作电器时，确保手部干燥，避免在潮湿环境下使用电器，且不可使用测电笔测试高压电，高压操作需遵循特定安全规程。

（4）合理配置保险装置：根据设备需求，选用合适规格的保险丝或空气开关，拒绝使用金属丝替代保险丝，并遵守额定安全容量，以防过载。

（5）绝缘与接地：确保所有电器设备无裸露导电部分，绝缘完善，并正确接地。严令禁止私自接线或乱拉电线行为。

（6）正确开关与断电：实训前后，需养成先接线路后通电、先断电后拆线的习惯。使用完毕的电器，及时断开电源并拔除插头。

（7）紧急应对措施：遭遇触电事故，首要任务是迅速切断电源，随后进行急救。若发生火灾，同样先断电，再采用干粉、二氧化碳灭火器灭火，避免使用导电介质，如水或泡沫。

5. 实训室化学品防护措施

在实训室环境中，有效防止化学品的腐蚀、灼伤及溅伤等事故的发生是保障安全的重中之重。具体的安全操作规范概况如下。

（1）腐蚀性物质处理：在研磨苛性碱等腐蚀性物质时，务必采取措施防止碎片飞溅，保护眼睛与面部不受伤害。

（2）个人防护与化学品操作：使用硫酸、硝酸等强腐蚀性化学品时，务必佩戴完整无损的橡胶或塑料手套。特别注意氢氟酸的极高危险性，操作后立即彻底洗手，以防止潜在的严重烧伤。

（3）溶液稀释安全：稀释浓硫酸时，应缓慢将酸加入水中，并持续搅拌，避免反向操作引起剧烈放热。遭遇化学品溅肤，立即采取相应中和与冲洗措施，如浓硫酸用大量水冲洗后用碳酸钠或肥皂液中和。

（4）瓶口开启技巧：开启易溅化学品瓶盖前，先用湿布包裹并用冷水冷却，尤其夏季更需谨慎，以防溅伤。

（5）加热设备使用：操作酒精灯和喷灯时，确保酒精量适中，外部无残留酒精，使用火柴点燃，避免倾斜引火导致火灾或烧伤。

（6）化学品综合防护：意识到化学物质可能通过多种途径造成伤害，特别是使用"双氧水+盐酸"等腐蚀性溶液时，需在通风良好的环境下操作，减少气体吸入，避免眼部及皮肤长时间暴露。

（7）加热与防水措施：使用电炉、烘箱等加热设备时，遵循安全规程，防止烫伤。实训结束，确认水源关闭，门窗紧闭，培养细致检查的习惯，确保无安全隐患。危险操作需两人以上协作，并始终铭记"安全优先，预防为本"的原则。

6. 实训室辐射安全防护措施

辐射作为一种隐形能量传递方式，涉及电磁波或高速粒子在空间及物质中的无形传播，其存在超出了人类感官的直接感知范围，需借助专业设备监测。因此，在实训中与放射性物质打交道时，需采取严密的防护措施，具体包括以下几个方面。

（1）个人防护装备：进入放射性实训区域前，务必佩戴个人剂量监测仪，以实时监控辐射剂量。在操作非密封放射源时，应佩戴口罩、穿上特制实训服并戴上工作帽，形成全面防护。

（2）健康状况评估：考虑到健康状况对辐射敏感度的影响，患有重大疾病或身体有明显创伤的人员应禁止进入放射性实训室，以避免健康风险加剧。

（3）实训室物品管理：为防止放射性污染，实训室内严禁携带个人物品，如衣物、背包、食品等，同时实训期间禁止饮水、进食及吸烟，以确保环境纯净与安全。

（4）退出检测程序：每次实训结束离开前，必须接受全身放射性污染检测，确保体表无残留放射性物质，检测合格后方可离开实训室。

7. 实训室细菌感染防范措施

在参与实训活动时，正确穿戴个人防护装备，包括工作服、防护口罩、手套和防护眼镜，是基础且必要的预防措施。为确保实训环境的生物安全，特别是针对细菌操作，以下关键步骤需严格遵守。

（1）专人管理与准入控制：实训室内的细菌样本应由指定人员负责管理，进行细菌实训时，非相关人员不得随意进出，以防交叉污染。

（2）样本与容器安全存放：确保细菌样本及容器妥善保存，防止泄漏与扩散，严格控制细菌的使用与存放环境。

（3）风险识别与个体防护：事先识别操作细菌与生物材料的潜在危害性，特别是处理病原菌时，强化个人防护，如佩戴合适尺寸的手套，接触高风险物质时戴双重手套，并检查装备的完整性。

（4）操作后消毒：操作细菌、动物实训的人员需在实训结束后进行全面消毒。同样，动物使用前后也需执行消毒程序并妥善处置。

（5）废弃物处理：一次性污染材料应通过高压灭菌后焚烧处理；可循环使用物品则需先消毒，再进行高压灭菌。推荐使用湿热灭菌法，避免干热、微波、紫外线或辐射等方式处理生物废弃物。

（6）无菌操作：微生物实训中，坚持"有菌观念"，执行严格的无菌操作流程，以防感染并保护自我。一旦发生意外泄漏，立即使用消毒剂清洁，洗手消毒，控制污染范围，每次操作后常规清洁消毒工作区并彻底清洁双手。

（7）器皿与废弃物灭菌：实训中污染的器皿、废弃菌种等，必须经过消毒和高压灭菌处理后方可丢弃，一次性防护用品则收集后集中焚烧处理。

（8）动物尸体处理：实训后的动物尸体应封装于塑料袋内，低温冷藏，由专业机构统一收集进行焚烧处理，确保实训室内外的生物安全。

8. 实训室切割伤预防措施

在实训环境中，玻璃器具的破损是导致切割伤的常见原因，此类伤害若伴随试剂渗入，可能延缓愈合过程。因此，采取有效措施预防切割伤极为重要。具体预防措施主要体现在以下几个方面。

（1）安全破碎与安装：在折断玻璃管或装配洗瓶时，采取保护措施，如用布包裹或佩戴防割手套，以减少意外伤害风险。

（2）仪器检查与筛选：每次使用前仔细检查玻璃仪器，确保无裂缝或损伤，坚决避免使用存在瑕疵的器材，从源头降低割伤可能。

（3）温度控制与加热安全：认识到细口瓶与容量瓶材质的脆弱性，避免直接加热以免炸裂。加热溶液时，先在耐热容器（如烧杯）中进行预处理，特别是对于加热会大量放热的反应，应逐步加入溶质并适时冷却后再转移，确保操作安全。

（4）均匀加热方法：使用酒精灯或喷灯加热烧杯、烧瓶时，底部应铺设石棉网作为热缓冲，以均衡热量分布，防止局部过热导致的器具破裂。

9. 实训室机械设备操作安全准则

确保机械设备运行安全，不仅依赖于设备本身的合规性，更关键在于操作人员遵循严格的安全操作规程。以下为提升操作安全的核心原则。

防止机械事故

（1）个人防护装备的正确使用：根据操作要求正确佩戴防护装备，如机械加工时女性需佩戴护帽以防止发丝卷入旋转部件，同时避免佩戴手套，以防手套被卷进而伤及手部。穿戴标准需严格遵守，不适用的装备不得穿戴。

（2）全面安全检查与试运行：操作前，进行细致的安全检查，必要时先进行设备试运行，确保一切正常后再正式启动作业。

（3）运行中动态监控：设备运行过程中，定期检查紧固件是否因振动而松动，及时加固，防止意外发生。

（4）故障零容忍：设备出现故障时，严禁强行操作，以防事故扩大。

（5）安全装置的正确应用：确保所有安全装置处于启用状态，不得擅自拆除或绕过安全保护功能。

（6）工件稳固：刀具、工夹具及加工零件必须固定牢靠，防止松动导致事故。

（7）运行期间禁用手操作：设备运转时，禁止手动调整、测量、润滑或清理；必须操作时，需先停机。

（8）岗位坚守：操作员不得擅自离岗，确保随时能对突发状况作出响应。

（9）收尾工作：作业结束后，关闭电源，移除刀具和工件，清理工作台面，整理零部件、工夹具，保持设备及周边环境整洁，为下一次安全操作做好准备。

四、常见实训安全标识

常见实训安全标识见表 9-1。

表 9-1　常见实训安全标识

几何形状	含义	安全色	安全色的对比色	图形符号色	应用实例
带有斜杠的圆形	禁止	红色	白色 *	黑色	禁止吸烟；禁止饮用；禁止触摸
圆形	命令	蓝色	白色 *	白色 *	必须戴防护眼镜；必须穿防护衣；必须洗手
带有弧形转角的等边三角形	警告	黄色	黑色	黑色	当心烫伤；当心腐蚀；当心触电
正方形	安全状况	绿色	白色 *	白色 *	急救点；紧急出口；避险处
正方形	消防设施	红色	白色 *	白色 *	火警电话；消防梯；灭火器

* 白色包含在日光条件下具有 GB/T 2893.4—2013 所定义属性的磷光材料的颜色。

必须戴防护眼镜	必须戴护耳器	必须戴防护手套
必须穿防护服	必须加锁	必须穿防护鞋
禁止合闸	禁止转动	禁止启动
禁止用水灭火	禁止烟火	禁止穿化纤服装
注意安全	当心火灾	当心腐蚀
当心烫伤	当心电离辐射	当心微波

【任务评价】

评价内容	评价指标	分值	自评（30%）	互评（30%）	师评（40%）	总评
框架结构	框架结构是否具有逻辑性，层次是否清晰	20				
制度内容的全面性	制度是否覆盖所有关键安全要素、操作流程等	20				
制度内容的实用性	制度是否实用，是否简洁、通俗易懂	20				
团队合作	组内成员分工是否明确，工作完成是否高效，相互之间是否协作互助	20				
反馈与总结	小组之间所提问题的针对性，个人总结反思的深度	20				

工作任务 9.2
实训场地标准化操作与应急处理演练

【任务描述】

设计并实施针对实训场地可能发生的多种紧急情况（如火灾、化学品泄漏、触电击伤、设备故障等）的应急处理预案，以提升全体师生对实训场地安全危机处理的实际操作能力和应急响应速度。

任务要求：在规定时间内，通过快速学习实训急救措施，设计应急处理预案并进行模拟演练，录制整个演练过程，形成实战演练视频资料，任务完成后总结经验。

【任务实施】

实训场地标准化操作与应急处理演练			
姓名：_____ 　班级：_____ 　学号：_____			
实施步骤	步骤说明		过程记录
1. 学习理论知识与案例	（1）快速学习实训应急处理策略等内容； （2）讨论实训场地典型事故案例的原因、后果、预防等		
2. 预案设计与规划	（1）设计预案框架，包括应急组织结构、流程图、责任分配等； （2）情景模拟设计，包括多种可能事故、详细剧本、应对流程		
3. 制作预案	根据此前设计的预案框架及情景模拟，完成详细的应急处理预案编制工作		
4. 演练准备	（1）准备物资，包括紧急工具、安全装备、标识、演习用具等； （2）分配角色，包括指挥、操作员、辅助人员、救护人员、记录人员		
5. 实战演练与录制	（1）按照规划的模拟情景启动演练； （2）记录演练过程，包括文字内容、路线内容		
6. 过程监控与总结	（1）监控演练现场，实时纠正问题，确保安全第一； （2）复盘演练过程，提出改进意见		

【知识储备】

一、创伤的急救

当面对轻微创伤的情况，首要的处理步骤是确保伤口的清洁与消毒，这可以通过使用已消毒的镊子轻轻清除伤口周围的异物，并采用消毒纱布轻柔地擦拭伤口表面，确保去除污染物。随后，可以涂抹 3.5% 浓度的碘伏于伤口边缘，这是一种常见的消毒剂，有助于预防感染。完成初步消毒后，应轻轻覆盖一层无菌敷料，并以适宜的力度包扎，以保护伤口免受二次污染，但又不至于阻碍血液循环。

在遭遇出血较为显著的创伤时，首要任务是迅速控制出血。可采取直接压迫法，即用干净的布料或手指直接施压于出血部位，持续几分钟，直至出血减缓或停止。在此基础上，再细致处理伤口，可适量撒上止血消炎粉末，以促进凝血和预防感染，随后采用适度紧绷的包扎技术，以维持压迫效果，但需注意观察肢体远端的血液循环是否受影响，防止因包扎过紧而引发并发症。

面对较大创伤、明显的动脉或静脉出血，甚至是疑似骨折的情形，紧急处理变得更为复杂且紧迫。这时，应立即采取应急绷带，准确地在伤口上方靠近心脏的一端紧紧扎住，以减缓出血速度，但需要注意的是，这种止血带不能长时间使用，以免造成组织缺血。同时，迅速用消毒纱布覆盖伤口，以保护伤口免受外界污染，减少感染风险。在这些初步处理之后，务必尽快联系校医务室或拨打急救电话，将伤者安全转运至医疗机构，由专业医护人员进行进一步的诊断与治疗。在整个处理过程中，保持冷静、快速而有序，是成功急救的关键。

二、机械伤害事故应急处置策略

1. 小型机械设备事故应急措施

（1）初始响应与评估。当小型机械设备引发伤害时，首要行动是立即切断动力源（通常是电源），确保不会因电流或机械运动造成二次伤害。随后，依据伤害的具体位置与性质，采取针对性的初步处理手段。

（2）现场救护与紧急通报。根据伤者的受伤情况，迅速判断并实施分层次救护。对于轻微伤害者，可现场提供基本的急救护理，同时通知校医务室或紧急医疗服务部门；而对于伤势较重者，避免擅自移动或实施未经专业指导的救援措施，以免加重伤害，同时紧急联络医疗支援。

2. 大型机械伤害事故应急处置措施

（1）快速评估与隔离。发生大型机械伤害事故时，首要任务是迅速且准确地评估事故全貌，包括事发地点、潜在影响范围、人员伤亡情况及设备损坏程度。基于评估结果，立即划定事故隔离区，限制非救援人员进入，确保救援通道畅通无阻。对被困于倒塌机械下的人员，首要任务是稳定现场结构，防止进一步坍塌，再通过专业设备安全移除障碍物，解救伤员。

（2）分类救援与现场急救。针对不同伤情，采取差异化救援策略。对于已确认无生命体征者，保护现场，保留证据。对于昏迷、内伤、骨折或严重出血者，立即联络急救车辆，并在等待期间采取初步急救措施，如止血、稳定骨折部位；搬运时，特别是涉及脊椎、内脏可能受损或伤情不明的伤员，必须使用担架平稳运送，避免扭曲或不当移动。轻微外伤与一般性内伤患者，评估后视情况送医，注意预防破伤风等后续风险。

（3）救援安全与风险管理。遵循安全优先原则，在设计和实施任何救援措施时，必须进行风险评估，确保救援行动本身不会引入新风险或加剧既有危害。只有在确认救援方案安全可靠的前提下才可执行，确保救援行动高效且不会造成额外伤害，体现以人为本、科学施救的原则。

三、烧伤的急救

1. 轻度与一般烧伤处理

对于日常生活中遇到的轻度烧伤，首要步骤是迅速冷却伤处，可采用清凉型乳剂轻轻涂抹于受伤部位，以缓解疼痛并减轻炎症。随后，应用无菌纱布轻轻包扎，保持伤口清洁，避免感染。若烧伤程度稍重，伴有红肿或水泡形成，应更加谨慎对待，避免自行挤压水泡，视情况考虑是否需要紧急就医。在处理的同时，若伤者出现休克迹象，如面色苍白、意识模糊、脉搏微弱等，应立即拨打急救电话，同时进行初步的生命支持措施，如平躺、抬高腿部，等待专业医疗团队到达现场进行进一步救治。

2. 化学烧伤应对措施

化学烧伤情况紧急且特殊，首先需要迅速而小心地移除受害者身上的衣物，以减少化学物质与皮肤的进一步接触。接着，立即使用大量流动清水连续冲洗受伤区域，至少持续冲洗 20 min，这一步骤极为关键，目的是尽可能冲走残留的化学物质，减少伤害。在冲洗的同时，尽量辨识化学物质的性质，以便告知医疗人员，为后续治疗提供信息。之后，依据烧伤的严重程度，决定是否现场初步处理后送院，或立即请求救护车现场救援。

3. 眼部烧伤处理

眼部烧伤处理尤为敏感且紧急。一旦眼睛受到伤害，无论是物理性还是化学性，首先应避免揉搓眼睛，以防伤害加重。对于化学灼伤，时间更加宝贵，应立即采取行动，在专业眼科医生到来之前，第一时间利用清洁的蒸馏水或生理盐水冲洗眼睛，注意水流需温和且方向应当从眼角侧边流向另一侧，避免水流直接冲击眼球，造成二次伤害。冲洗过程中，保持镇静，尽量保持眼睛睁开，确保冲洗全面有效。同时，紧急联系眼科专业人员，以获得专业的后续治疗和评估。

四、急性中毒时的急救

急性中毒事件中,现场的初步应对措施是至关重要的第一步,它关乎能否有效遏制毒性物质的进一步侵害,减少毒素在体内的累积,以及促进毒素的中和或排出,同时增强机体对抗毒物的能力。急性中毒的应急处理核心策略与实施细节具体如下。

1. 立即响应与环境转移

(1)报警:第一时间拨打急救电话,清晰描述中毒情况,包括毒物类型、中毒时间和症状等。

(2)安全转移:立即将中毒者移出中毒现场,特别是有毒气体或有害物质泄漏区域,转移到通风良好的开阔地带,避免毒物继续吸入。

2. 保障呼吸通畅

(1)解除束缚:迅速解开中毒者衣领、腰带等,确保呼吸顺畅,若衣物被毒物污染,需立即脱除,并注意保暖,防止体温下降。

(2)特殊处理:如遇呼吸微弱或停止,立即实施口对口人工呼吸或使用呼吸辅助设备,维持生命体征。

3. 清洗与中和

(1)眼部与皮肤:对于化学物质溅入眼内或接触皮肤,应立即使用大量流动清水冲洗至少 15 min 以减少伤害。

(2)特殊中毒处理:对于二氧化碳引起的窒息,需迅速通风,对呼吸困难者给予吸氧;对于硫化氢中毒,同样需通风,并针对黏膜受损使用生理盐水冲洗,严重者立即送医。

4. 毒物吸附与支持疗法

(1)活性炭应用:合理使用湿润的活性炭,有助于吸附多种毒物,减少体内毒素吸收,但需在专业指导下进行。

(2)中毒中和:针对特定中毒类型,如酸碱中毒,可采用 2%～3% 的碳酸氢钠溶液清洗,中度及以上中毒者需紧急转送医院进行进一步治疗。

5. 专业救治与后续跟进

(1)专业救助:对于呼吸极度困难、重度中毒或特殊毒物中毒(如硫化氢),必须立即送往医院,途中持续监测生命体征。

(2)信息提供:转送过程中,向医护人员提供中毒物质信息、已采取的急救措施等,以便医生做出快速准确的救治决策。

急性中毒的初步处理要求快速、科学,既要在现场立即采取有效措施减缓毒性影响，又要及时寻求专业医疗援助，确保中毒者获得最及时、最适合的救治。通过系统学习和模拟训练，掌握这些技能，以备不时之需。

五、微生物事故应急处理措施

1. 皮肤损伤应急措施

当皮肤不慎发生破伤，首要任务是尽量排出伤口处血液，彻底清除异物，随后使用肥皂和流动清水彻底清洁伤口或污染区域，确保无残留污垢。接下来，应用适宜的皮肤消毒剂处理伤口，并视情况多次用生理盐水冲洗，以进一步消除潜在的微生物污染。推荐的消毒液包括70%酒精、0.2%次氯酸钠、0.5%碘酒等，通过浸泡或涂抹的方式对伤口进行深度消毒处理。

2. 衣物污染应对流程

一旦实训服遭受微生物污染，应立即脱下，以防污染物扩散至皮肤或环境。随后，彻底洗手并更换干净的实训服。受污染的衣物应密封后送入高压灭菌器处理。同时，污染区域及存放衣物的地点需彻底清洁消毒，确保无遗漏。若个人日常衣物不幸被污染，应立即将污染区域浸入消毒液中，并迅速更换为清洁衣物或使用一次性防护服，避免交叉感染。

3. 误吞食病原菌的应急处理

不慎误吞食病原菌菌液时，应立即吐出并收集于容器内，随后使用1∶1 000比例的高锰酸钾溶液进行口腔漱洗。依据具体菌种，可能还需在专业指导下服用抗生素进行预防性治疗，以防止病原菌感染。

4. 容器破损与溢漏事故处理

遭遇容器破损或感染性物质溢出时，应立即佩戴橡胶手套，使用布或纸巾覆盖污染区域，并在上面施加足量消毒剂。桌面遭菌液污染时，需倾倒84消毒液覆盖，静置约30 min后擦拭清理。若手部接触活菌，应浸泡于消毒液中10 min，之后用肥皂水彻底清洗。地面污染则应用消毒剂浸泡过的吸水材料覆盖，待消毒剂作用10～15 min后，再进行清理。破碎的玻璃碎片应用镊子小心收集，清理工具如簸箕需进行高压灭菌或消毒液浸泡处理。所有污染的清洁用布、纸巾等应置于专门的生物危害废弃物容器内。

5. 气溶胶意外释放应对策略

遇到生物安全柜外潜在危害性气溶胶释放时，所有人员应立即撤出该区域，并迅速通知实训室负责人和生物安全管理人员。为确保气溶胶扩散最小化及颗粒沉降，区域应暂时封闭，一般建议1 h内禁止人员进入，无中央通风系统的实训室则延长封闭至

24 h，并设置"禁止入内"标识。在指定时间后，由生物安全专业人员指导，佩戴适当防护服及呼吸防护装备的人员进行污染清除工作。

【任务评价】

评价内容	评价指标	分值	自评（30%）	互评（30%）	师评（40%）	总评
预案内容	预案内容的科学性、逻辑性、全面性，以及实际可操作性	30				
准备工作	演练所需物资是否齐备，角色分配是否合理	15				
演练过程	过程的流畅性，所传递信息的准确性，对观众的吸引力	25				
记录质量	所记录内容的清晰度、有效性	15				
反馈与总结	自我反思的深度，思考问题的全面性	15				

项目十 求职安全篇——
求职过程的自我保护

项目过程	内容清单
项目情境	请阅读以下案例。 　　某年某月，吴某大学毕业，屡次投递简历石沉大海后，通过网络招聘入职某电商服务公司。入职时，负责人介绍公司为淘宝店铺提供代运营服务，提供一站式淘宝店申请、货源、发货、推广等服务。吴某等新人的任务是按照公司提供的话术（推销套路模板）向客户介绍、推荐公司的服务，在与客户达成意向后协助客户完成合同签订、交款等事项。 　　但吴某入职一段时间后发现，公司在向客户收取费用后并未真实进行推广，而是通过刷单及虚假发货等形式欺骗客户，让客户误以为刷单的流量是店铺推广后真正的访问流量。公司实际并不具备代运营能力。 　　"我发现公司其实是在骗钱。我也想辞职，但想到之前找工作那么难，在公司一年的收入底薪加提成有10万左右，我没有勇气辞职。"面对利益的诱惑和现实的困境，吴某选择了留下并妥协。截至案发，一年多的时间里吴某骗取客户资金共计32万余元，通过底薪与提成收入13万余元。 　　而像吴某这样明知公司有问题，但仍然留在公司上班的人并不少。检察官发现，本案中共有8名犯罪嫌疑人是首次就职的高校毕业生。其中4名犯罪嫌疑人尚未毕业的时候就在这家公司实习，等到正式毕业后，由于找不到合适工作，便又回到这家公司工作
项目要求	请完成以下思考与讨论。 1. 你认为上述案例中吴某犯了哪些错误？原因是什么？ 2. 如果你是吴某，你将如何应对？ 3. 你身边是否有过类似的案例，你今后如何帮助大家避免此类情况的发生？
项目目标	**知识目标** 1. 学会辨识合法与非法网络招聘信息的特征； 2. 熟悉关于就业的相关法律法规框架，明确求职者权利与义务，理解合同基本条款构成； 3. 深入理解劳动合同中的核心条款，如工作职责、薪资结构、工作时长，及其潜在影响。 **能力目标** 1. 能够在众多网络招聘信息中进行高效过滤，并快速准确判断其真实性和安全性； 2. 能够发现劳动合同潜在的风险点，提出关于个人权益保护的条款修改建议； 3. 能够结合个人职业规划，准确评估工作机会与合同条件的匹配性。 **素养目标** 1. 培养求职过程中的警惕性，时刻保持对潜在风险的敏感性； 2. 树立遵守法律法规的意识，自觉维护职场的法治环境； 3. 提升面对职业机会时的理性判断力
项目实施	1. 上述案例中吴某所犯错误及其原因。 2. 假如本人是吴某，所应采取的应对措施。 3. 本人身边是否有过类似案例，今后帮助大家避免此类情况发生的措施。
项目总结	请列举你在完成这个项目的过程中遇到的问题及解决办法

工作任务 10.1
识破就业陷阱——网络招聘平台信息甄别

【任务描述】

以小组为单位，从主流招聘网站筛选出一定数量的职位信息，通过分析与验证，判定其真实性与安全性，整理出一份安全求职陷阱识别指南及可靠职位列表。

任务要求：在规定时间内，学习网络招聘安全知识，掌握信息甄别技巧，完成信息筛选与评估，记录分析过程并制作求职陷阱识别指南、可靠职位列表，最后总结经验。

【任务实施】

识破就业陷阱——网络招聘平台信息甄别			
姓名：_____	班级：_____		学号：_____
实施步骤	步骤说明		过程记录
1. 知识学习	学习大学生就业过程中的常见陷阱及规避措施等		
2. 信息搜集与筛选	（1）选择主流招聘网站、官方渠道搜集招聘信息； （2）批量导出岗位列表，包含招聘主体、专业要求、工作地点、薪资范围等		
3. 信息分析与验证	（1）核查公司信息的真实性：通过查询官网、工商注册信息等方式； （2）职位细节比对：包括工作职责、薪资合理性等； （3）确认联系方式的安全性：采用正规邮箱、电话核实等途径		
4. 整理与评估	（1）制作求职陷阱识别指南：根据此前验证的过程，编制具体案例及相应的规避方法； （2）将核实后确定可靠的职位进行列表		
5. 经验总结	针对该任务进行全面总结，尤其对发现的问题进行深度分析、提出解决办法		

【知识储备】

一、就业陷阱

常规就业陷阱

1. 大学生就业过程中的常见陷阱

大学生在就业过程中，可能会遇到多种招聘陷阱，这些陷阱不仅损害学生的权益，还可能对他们的职业生涯造成不利影响。以下是一些常见的招聘陷阱。

（1）虚假广告陷阱：某些招聘方为了吸引优秀毕业生，会在招聘信息中夸大其公司规模、岗位职责、薪资福利等，例如将普通职位包装成高级职位，如"经理""总监"，但实际上可能是基层的"办事员""业务员"。应聘者入职后才发现实际情况与广告描述相去甚远。

（2）色情陷阱：一些不法分子利用招聘平台发布虚假的"高薪"职位，如公关、模特等，诱骗求职者面试时进行不正当交易，严重侵害个人尊严和安全。

（3）高薪诱惑：高薪、低门槛、优厚福利的招聘信息常常吸引应届毕业生，但背后可能是非法收费、传销、诈骗等陷阱。这类职位往往要求先交纳各种费用，如培训费、押金、服装费等，之后却无法兑现承诺的薪资和福利。

（4）合同欺诈：在签订合同时，一些公司可能隐藏或模糊工资构成、工作时间、晋升机制、福利待遇等重要条款，导致求职者在不知情的情况下签署不利于自己的合同，后续难以维权。

（5）试岗陷阱：某些企业以"试岗"名义，要求求职者免费工作一段时间，承诺期满后转正，但实际上试岗期满后，要么不录用，要么继续延长试用期，以此榨取免费劳动力。

（6）信息泄露：在求职过程中，一些招聘平台或不正规的中介机构要求提供详细的个人信息，包括身份证号、银行账户等，这些信息可能被非法利用，导致个人隐私泄露和财务损失。

（7）非法收费：正规的招聘不应向求职者收取任何费用，但一些中介或公司以培训费、体检费、面试费等名义收取费用，实际并无真实职位提供。

（8）职位与实际不符：面试时描述的职位职责、晋升机会与实际工作内容严重不符，导致求职者入职后发现工作性质与预期相差巨大，且难以调整。

（9）强制性加班文化：部分企业在招聘时不明确说明加班文化，入职后却发现工作强度大，频繁加班且无加班补偿，影响身心健康。

（10）滥用三方协议：一些企业利用应届毕业生对就业的迫切心理，通过三方协议设定高额违约金，限制学生寻找更好的机会，或在正式合同中设置不合理条款。

2. 虚假招聘信息的特征

虚假招聘信息是求职过程中常见的陷阱，给求职者带来经济和心理上的双重损失，有时甚至威胁到个人安全。其典型特征主要概括为以下几个方面。

（1）过高的薪酬承诺：招聘信息中提供的薪资水平显著高于同行业同职位的平均水平，且对工作经验和技能要求相对宽松。这种高薪诱惑往往是为了吸引求职者的注意，一旦上钩，便通过各种借口要求先缴纳费用或参与付费培训。

（2）紧急且大规模招聘：声称公司因业务扩展或新开项目急需大量员工，一次性招聘多个不同层级的职位，从高管到基层员工一应俱全，除了极少数特殊情况，这种情况通常不符合正常企业的招聘逻辑。

（3）信息模糊或不完整：公司简介简略，没有详细地址或联系方式，仅提供手机号码，面试地点经常变动或在非办公场所，官方网站和社交媒体账号缺乏或信息陈旧，这些都是不正规公司的典型特征。

（4）提前收费：面试过程中要求支付各类费用，如培训费、服装费、体检费、保证金等，正规企业一般不会在招聘环节向求职者收取任何费用。

（5）非正式面试过程：面试过程过于简单，没有专业性的技能测试或深入的职位匹配讨论，反而过分关注求职者的个人信息或要求提供敏感信息，如身份证号、银行账户等。

（6）承诺过多福利：提供看似不切实际的福利待遇，如极高的年终奖、豪华旅游、无责任底薪等，但对工作具体内容和职责描述含糊其辞。

（7）联系方式单一：仅提供手机号码或QQ、微信等私人联系方式，没有固定电话或企业邮箱，且沟通时对方不愿透露更多信息或公司详情。

（8）工作轻松，高回报：宣传在家工作、兼职刷单、手工活等，承诺只需投入少量时间就能获得高额回报，这类信息多为诈骗。

（9）没有具体工作地点：面试通知中没有明确的工作地点，或在面试当天才告知，且地点可能在非商业区域，这可能是为了规避检查或增加求职者的依赖性。

（10）要求迅速决定：施加压力，催促求职者迅速决定是否接受工作，利用求职者的急迫心态，减少其思考和查证时间。

（11）虚假的公司背景：虚构或冒用知名企业的名字，或利用相似的公司名误导求职者，实际公司可能不存在或经营状况不佳。

（12）缺乏透明度：在询问具体工作内容、晋升机制、团队结构等关键信息时，招聘方回避或给出模糊回答。

3. 就业陷阱的规避

1）信息甄别与分析

（1）源头验证：收到招聘邀请时，首先通过学校就业服务中心、官方

警惕就业陷阱

招聘网站或直接访问公司官网验证信息的真实性，警惕来源不明的招聘信息。

（2）电话面试警觉：若电话中提到"无须面试直接入职""预先缴费""个人接站"等异常情况，应提高警惕，正规企业通常有严格招聘流程。

2）面试环节的自我保护

（1）面试地点安全：面试前了解清楚地址，确保地点公开且安全，避免去往偏远或非办公场所。

（2）面试内容理性判断：面试中若遭遇贬低能力并推荐高价培训、承诺快速致富、过分强调产品而非职位匹配等，应谨慎，这些都是不正常现象。

（3）个人信息谨慎分享：面试过程中，除非必要，不轻易透露个人敏感信息，如身份证号码、家庭住址等。

3）入职前的审慎决策

（1）费用警戒：对任何入职前要求支付定金、服装费、押金、投资或贷款参加培训的要求坚决说不，这些都是典型的诈骗手段。

（2）合同审阅：入职前详细审阅合同条款，不明之处要求解释，确保无隐藏费用和不平等条款，必要时咨询法律专业人士。

（3）证件保护：拒绝以任何理由扣押个人证件或要求手持证件拍照的请求，防止信息被滥用。

4）加强个人信息与网络安全

（1）网站选择：在正规、有监管的大型招聘网站发布简历，避免个人信息泄露。

（2）简历管理：找到工作后，及时在招聘网站上隐藏或删除简历，减少不必要的骚扰。

（3）谨慎交流：在线交流时，避免透露过多个人信息，如家庭电话，可使用 QQ 或邮箱代替。

5）识别与应对陷阱

（1）中介验证：通过官方渠道验证中介机构资质，拒绝无证或口碑差的中介。

（2）公司核实：确认企业合法性，了解其工商注册、办公地点等，避免接触无实体的皮包公司。

（3）兼职陷阱：兼职时通过学校推荐或正规平台，不轻易相信高薪承诺，签订书面协议，保持警惕。

（4）安全意识：拒绝参与任何疑似传销、非法或高风险的活动，维护个人安全。

6）求职心态调整

（1）稳中求进：保持平和的心态，不因急切求职而忽视陷阱，明确个人职业规划，有针对性地选择职位。

（2）用好求助机制：遇到困难或被骗，及时向家人、学校或相关部门求助，学会用法律手段保护自己。

7）持续教育与信息更新

（1）法律知识：定期学习劳动法、消费者权益保护法等，增强自我保护意识。

（2）案例分析：关注媒体、学校分享的求职陷阱案例，分析学习，提升识别能力。

二、传销

1. 传销的概念

传销，根据相关法律规定和概念界定，是指一种通过人传人的方式进行产品销售或提供服务的商业模式，它通常涉及两个主要形式：单层次传销和多层次传销。传销的核心特点是其销售模式侧重于发展下线成员，以参与者直接或间接发展的人员数量为依据计算和给付报酬，而非单纯依赖于产品销售本身。

具体而言，传销活动通常包含以下特征和操作模式。

（1）组织形式：传销活动由组织者或经营者发起，通过不断发展下线人员，形成上下级关系的销售网络。这些网络往往呈金字塔形结构，位于顶层的少数人获利，而底层参与者很难盈利。

（2）入门费：要求新加入者缴纳一定的费用或购买一定量的产品作为加入资格，这种费用往往成为上线的直接收益。

（3）计酬方式：参与者的主要收入不是来源于产品销售利润，而是通过发展下线人员所缴纳的费用或下线的销售业绩，形成一种"下线越多，收益越大"的激励机制。

（4）虚假宣传：为了吸引参与者，传销活动常伴有夸大收入、虚构产品效果、隐瞒真相的宣传，甚至利用情感绑架、心理操控等手段，使人们在不完全了解实情的情况下加入。

（5）非法性：多数国家和地区将那些以发展人员数量作为主要盈利依据，而不是基于产品销售量的多层次传销活动定义为非法，认为其构成金字塔式销售，对经济秩序和社会稳定构成威胁。中国等国家全面禁止多层次传销，只允许特定条件下的单层次直销，并严格监管。

2. 大学校园发生传销的原因

大学校园发生传销的原因是多方面的，涉及社会环境、学生个人特质、传销组织的运作手法以及外部监管等多个层面。

（1）就业压力增大：随着高等教育的普及，每年毕业生数量激增，就业市场竞争激烈，大学生面临的就业压力不断增大。在这种背景下，一些学生在求职过程中容易产生急功近利的心理，对工作机会的判断力下降，这为传销组织提供了可乘之机。

（2）社会经验不足：大学生虽然在专业知识上有一定积累，但多数缺乏足够的社会实践经验和辨别能力，对于复杂的社会现象，尤其是职场陷阱，往往难以准确判断。传销组织通过各种包装，如高薪诱惑、快速晋升等，容易让学生失去理智，进而落入圈套。

（3）心理需求：大学生在成长阶段，存在对成功的渴望、对社会地位的追求、对财富的向往等心理需求，这些心理状态容易被传销组织利用。通过营造"快速成功"的假象，如短期暴富的故事、轻松高薪的工作等，激发学生的幻想，进而诱导其加入。

（4）信息不对称：校园相对封闭，学生获取外界信息的渠道有限，加之互联网上的信息鱼龙混杂，学生很难在短时间内辨别信息真伪。传销组织利用这一点，通过网络、社交媒体等平台广泛散布虚假招聘信息，混淆视听。

（5）传销组织的策略：传销组织擅长运用心理战术和社交技巧，如通过熟人介绍、打亲情友情牌、成功学讲座等形式，对目标人群进行"洗脑"。这些组织还会不断变换手法，紧跟社会热点，如打着"互联网+""共享经济"等旗号，掩盖其非法本质。

（6）监管难度：传销活动具有隐蔽性、流动性强的特点，且随着技术的发展，网络传销等新型模式的出现，增加了监管难度。学校、执法部门在发现和打击传销活动上往往滞后，难以及时有效干预。

（7）教育缺失：学校在职业规划教育、法律知识普及、防骗意识培养等方面可能存在不足，导致学生缺乏必要的防范意识和自我保护能力。

3. 校园传销的特点

（1）目标群体特定：主要针对在校大学生，利用大学生群体对社会实践经验不足、急于证明自我、渴望经济独立等特点，通过熟人网络如同学、社团成员等关系链进行渗透。

（2）伪装性强：校园传销活动常以创业机会、兼职工作、实习实训、职业培训、项目合作、网络赚钱等看似正规或有吸引力的名义出现，有的甚至打着"国家政策支持""高科技产品"等旗号，极具迷惑性。

（3）高额回报承诺：承诺参与后可以获得高额回报、快速晋升机会、轻松赚取学费或生活费等，使学生忽视潜在风险，盲目投入。

（4）经济负担与心理压力大：参与者往往需要缴纳高昂的入门费、购买产品或服务，之后还需承担发展下线的压力，造成经济负担加重，同时伴随心理压力和学业影响。

4. 校园传销的方式

1）虚假创业平台

这种方式常以"低门槛创业""互联网+创新项目"为旗号，吸引那些怀揣创业梦想、寻求经济独立的大学生。例如，某传销组织声称开发了一款能够自动增加社交媒体粉丝的软件，只需少量投资成为代理，就能享受高额分成，并通过发展下线获得额外奖励。该组织还举办看似专业的创业分享会，邀请所谓的"成功创业者"分享快速致富的经验，实则是在分享会上灌输加入组织的好处，利用创业的光环掩盖其非法本质。学生在不明真相的情况下，被高收益的承诺所吸引，最终不仅没有实现创业梦想，反而深陷传销泥潭。

2）产品直销变质

此类传销通常围绕一款或多款"神奇"产品展开，如保健品、美容仪器、教育课程等，声称产品具有独特功效，市场前景广阔。组织者首先会让学生购买一定数量的产品作为"入会费"，随后鼓励他们通过自己的社交网络推销产品，发展下线分销商。比如，一个宣称能高效提高记忆力的学习机，学生在试用后（实则是精心设计的演示效果）被说服，认为产品效果显著，愿意加入销售行列。但实际上，产品的真正价值远低于售价，盈利主要依靠发展下线收取的费用。这种模式下，学生往往忽略了产品的实际效果，而沉迷于发展下线带来的短期经济回报。

3）网络社交圈渗透

随着互联网的普及，网络传销成为校园内新的威胁形式。通过创建微信群、QQ群、抖音、小红书等社交平台账号，传销组织会发布吸引眼球的兼职信息、快速赚钱攻略等内容，利用大学生对网络社交的信任和好奇心，吸引他们加入。比如，一个名为"大学生创业联盟"的微信群，表面上分享网络赚钱技巧，实则在群内不断灌输"轻松月入过万"的成功案例，引导成员参加所谓的"网络营销培训"，最终目的是让成员购买高价课程或成为代理，进一步拉人头。这种模式利用网络的隐蔽性和传播效率，迅速扩大组织规模，使许多学生在不知不觉中成为传销链条的一环。

4）校园社团与公益项目伪装

有些传销组织会直接或间接渗透进校园社团，或者伪装成公益组织，以举办讲座、工作坊、慈善活动为名，吸引学生参与。比如，一个名为"未来领袖训练营"的组织，表面声称旨在提升大学生领导力和团队协作能力，实际上在活动中不断灌输"成功哲学"，强调个人财富和社会地位的重要性，并逐渐引导学生接受其"事业机会"。这种模式巧妙地利用了学生对个人成长和贡献社会的渴望，使其在不自觉中成为传销网络的一部分，同时，社团或公益的名头也为传销活动披上了合法性的外衣，增加了隐蔽性和欺骗性。

5）情感绑架与人际网络利用

传销组织还会利用学生之间的人际关系网，特别是同学、朋友间的信任，进行情感绑架。他们会邀请学生参加所谓的"家庭式聚会"，在轻松愉快的氛围中分享"成功经验",通过情感共鸣和集体归属感,降低学生的心理防御。例如,一位同学邀请好友参加一个周末的"创业分享茶话会",在温馨的环境中,其他成员轮流向新来者讲述自己加入组织后的"蜕变",营造出一种"我们是一家人"的感觉,让新成员感到如果不加入就会失去这个温暖的圈子。这种基于情感的操纵手法,往往使得学生在不自知的情况下,为了维护人际关系而被迫加入或推荐他人加入传销组织。

5. 校园传销的危害

1)学业荒废与个人发展受阻

大学生一旦涉足传销,往往将大量时间、精力和财力投入其中,导致忽视学业,无法完成专业学习任务。长此以往,可能被迫中断学业,失去获得高质量教育的机会,对未来的就业和个人发展造成不可逆的影响。

2)人身安全与心理健康风险

传销组织常采用封闭式管理和高强度的心理操纵,对成员进行"洗脑",有时甚至伴有暴力威胁和身体虐待。学生的人身自由可能受限,安全受到威胁,长期处于高压环境下,极易出现心理问题,如焦虑、抑郁等,严重者可能导致自杀或自残行为。

3)破坏校园和谐与教学秩序

传销活动在校园内的蔓延会污染学术氛围,鼓吹快速赚钱、不劳而获的价值观,影响其他学生的价值观和行为选择,破坏班级团结和学风建设,干扰正常的教学和管理秩序,影响学校的整体教育质量和声誉。

4)家庭关系紧张与经济负担

学生参与传销后,往往需投入大量资金购买产品或获得"加盟资格",这不仅消耗家庭积蓄,还可能负债累累。同时,为发展下线,学生可能会利用家庭成员的人脉资源,导致家庭关系紧张,信任缺失,甚至家庭破裂。

5)法律风险与社会问题

传销活动属于违法行为,参与其中的学生可能面临法律制裁,留下不良记录,影响今后的就业及社会生活。更深层次,传销活动的泛滥会引发一系列社会问题,如经济诈骗、非法集资、社会治安问题等,影响社会和谐稳定。

6)社会信任危机

校园传销损害了社会诚信体系,通过虚假宣传和人际网络的滥用,导致信任链条断裂,社会成员间信任度下降,影响正常的社会交往和合作,不利于构建诚信友爱的社会环境。

6. 预防校园传销的措施

1)提升自我防范意识

主动学习关于传销的基本知识,包括其定义、常见手段、法律后果等,通过官方渠道、权威媒体获取信息，提升个人识别传销的能力。保持理性思考，对过于诱人的承诺和不切实际的财富故事保持高度警觉，记住"天下没有免费的午餐"。

2）树立正确的价值观

树立勤劳诚实的观念，明白成功需要脚踏实地的努力，拒绝急功近利的心态。在追求个人发展的同时，保持对社会责任和道德伦理的尊重，不盲目追求快速致富的捷径。

3）慎重选择社团与活动

参与校园活动或加入社团前，应详细了解其背景、宗旨和活动内容，避免加入未经学校官方认可或存在传销嫌疑的组织。对于以"创业""赚钱"为名义的活动，要格外小心，必要时可咨询校方或老师意见。

4）增强信息甄别能力

在社交媒体、网络平台上遇到招聘、创业项目、培训讲座等信息时，要多方查证，确认信息来源的可靠性。对未经验证的邀请和链接保持谨慎，不轻易透露个人信息，不轻信陌生人推荐的"机会"。

5）主动报告与求助

一旦发现或怀疑自己或身边人遭遇传销活动，应立即停止参与，并向辅导员、学校保卫处报告或直接拨打电话报警，勇敢揭露传销行为。同时，若感到有心理压力或困惑，应及时寻求学校心理咨询中心的帮助。

6）培养健康的人际关系

在人际交往中，保持真诚与信任的同时，也要有批判性思维，与那些频繁提及快速赚钱、不断邀请加入某些"神秘组织"的朋友保持适当距离，不轻易被情感绑架。

7）发挥正面影响力

作为学生，还可以在同学中积极传播反传销知识，通过社交媒体、小组讨论等方式分享真实案例和防范技巧，帮助身边人提高警惕，形成抵制传销的良好风气。

7. 误入校园传销的应对措施

1）内部取证，保留证据

在保证个人安全的前提下，悄悄收集参与活动的相关证据，包括但不限于宣传材料、会议录音、转账记录、沟通信息（短信、微信聊天记录等）。

记录下活动的地点、时间、主要负责人、参与人员等信息，这些都可能成为后续举报的重要依据。

2）秘密告知信任的人

不要独自承担，秘密告知家人、好友或可信赖的老师、辅导员自己的担忧和所处的情况，让他们作为外部支持力量，为自己提供帮助或建议。

3）安全脱身

找准时机安全离开，如果身处封闭式集会或活动，寻找最不引起注意的方式离开，比如借口生病、家庭紧急情况等。

如果直接离开有困难，可以尝试通过发送求救信号给外界，或在确保安全的情况下报警。

4）正式举报

脱离后，应立即向学校保卫部门、当地公安机关或市场监督管理局等机构举报。提供自己收集的所有证据，详细描述自己的经历。

可以通过官方网站、电话、实地报案等多种方式举报，确保信息传达给相关部门。

5）法律咨询与援助

如果涉及经济损失或其他法律问题，可以寻求法律援助，比如联系学校法务部门或社会法律援助机构，探讨可能的法律维权途径。

6）心理辅导

误入传销的经历可能会对个人心理造成影响，适时寻求心理健康专业人士的帮助，进行心理调适和辅导。

7）分享经验，警示他人

在适当的时候，将自己的经历分享给周围的人，尤其是同校学生，提高大家的警觉性，预防类似事件再次发生。

【任务评价】

评价内容	评价指标	分值	自评（30%）	互评（30%）	师评（40%）	总评
信息筛选	所搜集招聘网站信息的代表性、准确性	20				
分析与验证	是否全面验证所搜集招聘信息，并精准分析、判断其真伪、提出疑点	30				
求职陷阱识别指南	指南内容是否能有效帮助毕业生规避求职陷阱，表达是否清晰流畅	20				
可靠岗位列表	可靠岗位列表的安全性与指导性	15				
总结反馈	任务总结的有效性，自我安全意识、创新意识是否得到切实提升	15				

工作任务 10.2
模拟劳动合同谈判

【任务描述】

模拟一场劳动合同谈判过程，识别并分析其中潜在的法律风险点，并形成一份详细的分析报告，包括风险点、应对策略及谈判技巧建议。

任务要求：在规定时间内，学习劳动法基础，掌握合同法律知识，完成模拟谈判，分析并撰写报告，最后进行总结反馈。

【任务实施】

模拟劳动合同谈判		
姓名：_____ 班级：_____ 学号：_____		
实施步骤	步骤说明	过程记录
1. 理论知识学习与探究	（1）学习劳动合同相关法律法规知识； （2）分析讨论大学生签订劳动合同过程中的真实案例，了解劳动合同纠纷的常见类型、原因及法院裁决依据等	
2. 角色分配	（1）设定模拟角色：将参与者分为谈判小组（模拟雇主与雇员两方）和观察分析小组，明确各自角色和职责； （2）情景设定：包括行业、岗位、条款需求	
3. 模拟谈判准备	（1）制订谈判策略：基于学习成果，各谈判小组根据模拟场景，制订谈判目标、底线和策略，明确期望达成的合同条款； （2）设计合同草案：根据模拟角色需求，准备初步的劳动合同草案，涵盖薪酬、工作时间、福利待遇、解约条件等核心条款	

续表

实施步骤	步骤说明	过程记录
4. 模拟谈判过程	（1）角色扮演：在指定时间内进行模拟谈判，双方就合同条款进行讨论，尝试达成一致； （2）观察记录：观察分析小组全程记录谈判过程，特别注意识别和记录潜在的法律风险点，如歧视性条款、违法约定、模糊表述等	
5. 分析报告撰写	（1）整理风险点：谈判结束后，观察分析小组汇总谈判中发现的所有潜在法律风险点，详细说明每个风险点的法律依据和可能产生的后果； （2）制订应对策略：针对每个风险点，提出具体的法律应对策略，包括修改合同条款、增加补充协议、强化培训等； （3）谈判技巧总结：结合模拟谈判经验，总结有效的沟通技巧和谈判策略，包括如何平衡利益、如何巧妙提问以获取更多信息等	

【知识储备】

一、劳动合同概述

劳动合同，又称为劳动契约或劳动协议，是一种法律契约，它确立了劳动者（雇员）与用人单位（雇主）之间的权利、义务和责任关系。根据《中华人民共和国劳动合同法》（以下简称《劳动合同法》）的规定，劳动合同是调整劳动关系的核心法律形式，对于确定双方的劳动条件、工作内容、工作时间、休息休假、劳动报酬、社会保险、劳动保护、劳动纪律及合同的期限、变更、解除、终止等事宜具有基础性的规范作用。

（1）主体：劳动合同的主体一方为劳动者，即具有劳动能力和法定劳动年龄，能够独立承担民事责任的自然人；另一方为用人单位，包括企业、个体经济组织、民办非企业单位等组织，它们具有合法的用工主体资格。

（2）原则：劳动合同的订立应当遵循合法、公平、平等自愿、协商一致、诚实信用的原则。这意味着双方应当在没有欺诈、胁迫的情况下，基于真实意愿，通过平等协商达成协议。

（3）内容：劳动合同应当明确工作内容、工作地点、工作时间、休息休假安排、劳动报酬、社会保险、劳动保护、劳动条件和职业危害防护等条款。此外，还可能包括试用期、培训、保密、竞业限制等特殊约定。

（4）形式与期限：劳动合同应当采用书面形式，以确保双方的权利义务有明确的记录。劳动合同可以分为固定期限劳动合同、无固定期限劳动合同和以完成一定工作任务为期限的劳动合同。

（5）变更与解除：劳动合同的任何变更需经双方协商一致，并采用书面形式。解除或终止劳动合同也应当符合法律规定的情形和程序，包括双方协商一致解除、劳动者或用人单位单方解除等情形。

（6）法律责任：对于违反劳动合同的行为，法律规定了相应的法律责任，包括但不限于支付违约金、赔偿损失、恢复原状、继续履行合同等。

（7）争议解决：劳动合同双方发生争议时，可以通过协商、调解、仲裁或诉讼等方式解决。《劳动合同法》鼓励双方先行协商，协商不成可申请劳动争议调解委员会调解，或直接向劳动争议仲裁委员会申请仲裁，对仲裁裁决不服的，可向人民法院提起诉讼。

二、大学生签订劳动合同的常见问题

（1）法律意识薄弱：许多大学生首次踏入职场，对《劳动合同法》等法律法规缺乏深入理解，容易忽视合同中隐藏的不公平条款，如限制性条款、违约责任等，这为日后可能产生的劳动纠纷埋下了隐患。

（2）主体信息核实不严：在急于获得工作机会的心理驱动下，部分大学生可能疏忽对合同中列出的用人单位基本信息进行严格核对，包括公司全称、注册地址、法定代表人等，这可能导致与资质存疑的单位签约，增加权益受损风险。

（3）口头承诺未落实：面试阶段，雇主往往会口头承诺优厚的薪资、福利或晋升机会，但这些美好愿景若未在劳动合同中明确体现，口头承诺将变得毫无约束力，使新入职大学生面临期望与现实的巨大落差。

（4）违约责任不明：劳动合同中关于违约责任的条款若表述模糊或缺失，将使双方在合同执行过程中对违约行为的认定和责任承担产生分歧，大学生在遭遇违约情况时，难以通过法律手段有效维权。

（5）试用期条款不合理：部分合同中的试用期设置可能违反《劳动合同法》的规定，如试用期过长、试用期工资低于法定最低标准等，这些不合规的条款严重损害了大学生的合法权益。

（6）忽视社保福利：初入职场的大学生往往更关注工资水平，而忽视了社会保险、住房公积金等长期福利的重要性，未能在合同中明确这些权益，长远来看可能影响到个人的社会保障水平。

（7）限制性条款过多：一些劳动合同中包含诸多对劳动者不利的限制性条款，例如过于宽泛的竞业禁止协议、不合理的违约金设定、长期的服务期限绑定等，这些条款可能严重限制了大学生的职业发展路径和选择自由。

（8）缺乏书面合同：部分企业可能仅作口头承诺而不主动提供书面劳动合同，或是员工因信任而接受口头协议，这种做法在法律上难以证明劳动关系的存在，一旦发生纠纷，大学生的权益将难以得到法律的有效保护。

（9）合同续签与变更不规范：对于合同续签的条件、流程及合同内容的变更，若没有明确、规范的约定，可能导致大学生在续签时处于被动地位，甚至在不知情的情况下被变更合同条款，权益受损。

（10）心理压力下的妥协：面对激烈的就业竞争，大学生在签订合同时可能会因为担心失去工作机会而对不公平条款妥协，不敢据理力争自己的合法权益，这种心态容易让雇主利用，最终导致自身权益受损。因此，增强法律意识，学会合理谈判，是每位求职者必备的技能。

三、大学生签订劳动合同的维权措施

（1）增强法律意识，提前学习相关法规：大学生在求职前应主动学习《中华人民共和国劳动合同法》及相关法律法规，了解自身作为劳动者的权利与义务。通过官方渠道、法律书籍或在线课程，掌握劳动合同的基本要素、合法条款与违规行为识别，为签订合同打下坚实的法律基础。

（2）仔细审阅合同条款，不放过细节：在收到劳动合同文本时，应逐条仔细阅读，特别注意工作内容、薪酬福利、工作时间、休息休假、社会保险、违约责任等核心条款。对于模糊不清或感觉不合理的条款，不要轻易签字，而是要求对方明确解释或修改，确保每一条款都能理解和接受。

（3）书面确认所有口头承诺：对于面试过程中雇主的口头承诺，如薪资、奖金、晋升机会等，应要求写入合同或以书面形式单独确认，避免口头承诺无法兑现的情况。书面证据是解决劳动争议时的关键，能有效保障自身的权益。

（4）核实单位信息，确保合法性：在签订合同前，应通过国家企业信用信息公示系统等官方平台，核实用人单位的注册信息、经营状态和信誉评价，避免与无证经营或有不良记录的单位建立劳动关系。

（5）咨询法律专业人士：对于合同中的专业术语或复杂条款感到困惑时，不妨寻求

法律专业人士的帮助，如学校的法律援助中心、公益律师或付费咨询律师。专业人士能提供专业的解读和建议，帮助识别潜在的风险，指导如何维护自身权益。

（6）谨慎对待试用期条款：重点关注合同中关于试用期的约定，确认试用期长度、试用期待遇是否符合法律规定，防止被不合理延长试用期或降低试用期工资。若发现违规，应立即提出异议并要求修正。

（7）明确社会保险与福利：确保合同中明确规定了社会保险的缴纳、公积金的缴存比例和方式，以及公司承诺的其他福利待遇，如年终奖、带薪休假等，避免口头承诺落空。

（8）拒绝签订空白合同：坚决抵制任何形式的空白合同或口头承诺，任何未经双方共同确认的条款都可能被恶意篡改，对劳动者极为不利。

（9）保留好所有相关证据：签订合同前后，应保留好所有与求职、面试、录用相关的邮件、短信、聊天记录、书面文件等，这些都可能成为未来维权的重要证据。

（10）学会合理谈判，不盲目妥协：在维护自己权益的同时，也要学会理性沟通与协商，明确表达自己的需求和底线，但同时保持开放态度，寻求双方都能接受的解决方案。记住，良好的职业关系始于平等和尊重。

【任务评价】

评价内容	评价指标	分值	自评（30%）	互评（30%）	师评（40%）	总评
法律知识掌握程度	对《劳动合同法》等基础法律知识的理解和应用能力	30				
风险识别能力	在模拟谈判中识别潜在法律风险点的敏锐度和准确性	30				
应对策略的可行性	分析提出的应对策略是否合理、有效，能否在实践中真正避免或减轻法律风险	20				
谈判技巧与沟通能力	模拟谈判中的沟通策略、说服力和冲突解决能力	10				
团队协作与反馈接纳	小组成员间的协作效率、报告撰写质量以及对反馈的开放态度和改进意愿	10				

项目十一 综合安全防范篇——全面提升安全素养

项目环节	项目内容
项目情境	请阅读以下案例。 2023年11月25日，印度南部喀拉拉邦的科钦科技大学发生踩踏事件，导致至少4人死亡、超过60人受伤。死者包括3名学生和1名年轻的电工。伤员已在医院接受治疗，其中4人情况危重。事发时，科钦科技大学位于埃尔讷古勒姆地区的户外会场正在举办音乐会，在一名印度知名歌手即将登台演唱前，踩踏事件发生。印度报业托拉斯援引一名当地警察说法报道，音乐会现场突降暴雨，场外一大群人冲进看台避雨。在这一过程中，有人在台阶上滑倒，继而发生踩踏，造成两名男性、两名女性不幸遇难。 喀拉拉邦首席部长皮纳拉伊·维贾扬在事发后召开紧急会议应对踩踏事件，随后决定取消原定于26日举行的文化艺术活动。喀拉拉邦高等教育部长R.宾杜已责成高等教育首席秘书、科钦科技大学副校长和教务主任组建调查小组，"彻底调查"踩踏原因并提交报告
项目要求	请完成以下思考与讨论。 1. 你认为上述案例发生的可能原因主要有哪些？ 2. 如果你在上述案例的现场，你将如何应对？ 3. 如果你是上述案例中活动的安全负责人，你将如何制订预案？
项目目标	**知识目标** 1. 理解校园安全风险的分类，学习使用专业方法进行风险识别与评估； 2. 熟知毒品、酒精滥用的危害性，以及相关法律法规与政策； 3. 熟悉班级管理理论，包括正面行为激励、纪律构建、安全行为准则等； 4. 理解校园安全文化的内涵，以及相应的构建途径。 **能力目标** 1. 能准确识别所处环境潜在安全隐患，并评估风险等级，提出合理整改方案； 2. 能够设计并执行社会活动，包括禁毒或禁酒宣传等； 3. 能够根据班级实际情况，设计班级安全行为规范，建立奖惩机制，实施并跟踪效果。 **素养目标** 1. 培养主动发现并预防潜在安全风险的意识，形成自觉遵守安全规范的习惯； 2. 强化团队协作意识，加强沟通交流、资源共享，共同解决问题，提升集体效能； 3. 培养自我约束力，尊重他人，形成相互监督与鼓励的学习与工作氛围，共同维护安全环境； 4. 养成一丝不苟、精益求精的工作作风和职业精神
项目实施	1. 上述案例发生的可能原因。 2. 假如本人在上述案例的现场，所采取的应对措施。 3. 假如本人是上述案例中活动的安全负责人，所制订的预案。
项目总结	请列举你在完成这个项目的过程中遇到的问题及解决办法

工作任务 11.1
编制校园整体安全风险评估报告

【任务描述】

编制一份包含校园内外环境的全方位安全风险评估报告，明确指出现存及潜在的安全隐患，提供科学合理的改进策略与实施计划，以全面提升校园安全管理水平与应急响应能力。

任务要求：在规定时间内，通过快速学习安全评估理论与实践，系统性地调研校园安全状况，深入分析潜在风险，制订改进措施，形成报告，最后进行自我与团队互评总结。

【任务实施】

编制校园整体安全风险评估报告

姓名：_____ 班级：_____ 学号：_____

实施步骤	步骤说明	过程记录
1. 法律法规与政策、文献回顾	回顾、梳理教育行政管理部门关于校园安全的相关规定、政策文件，以及国内外校园安全的成功案例与教训	
2. 信息收集与现场勘查	（1）调研校园内环境：对教学楼、宿舍、食堂、体育设施、实验室、图书馆等区域进行详细的安全检查，包括建筑安全、消防安全、食品安全、实验室化学品管理、监控设施布置等； （2）校园周边环境：评估周边交通状况、治安环境、自然灾害风险、紧急疏散路线等	
3. 安全隐患识别与评估	对收集到的信息进行系统分析，识别现存及潜在的安全隐患，按风险等级排序；评估每项风险发生的可能性与影响程度	
4. 制订改进策略与实施计划	（1）针对识别的风险点，设计科学合理的改进措施，包括硬件设施升级、管理制度完善、应急预案制订与演练、安全教育与培训等； （2）编制详细的实施计划，明确责任主体、时间表、所需资源及预期效果	

续表

实施步骤	步骤说明	过程记录
5.报告编写与审定	汇总评估过程中发现的问题、改进策略与实施计划，编写《校园安全风险评估报告》	
6.持续监测与评估	建立校园安全风险动态监测机制，定期复查评估，确保安全管理体系的持续改进和完善	

【知识储备】

校园综合场所安全

一、公共场所安全防范要点

1. 基础设施安全

基础设施安全是校园安全的基石，涵盖校园内所有物理空间和设施的建设、维护与管理，确保其符合国家安全标准，为师生提供一个安全可靠的环境。具体包括以下几个方面。

（1）建筑物安全：确保所有教学楼、宿舍、办公楼等建筑物结构安全，无裂缝、倾斜等安全隐患，定期进行建筑安全评估，对老旧或损坏的建筑及时进行修缮或改造。

（2）道路与通道：校园内的道路应保持平整，无坑洼、裂缝，雨雪天气时及时除冰除雪，确保行走安全；人行道与车行道应有明显分隔，减少交通事故风险。

（3）楼梯与走廊：楼梯间应光线充足，扶手牢固，阶梯高度和宽度符合人体工程学设计，以防跌倒；走廊宽度适宜，紧急疏散标识清晰可见，无杂物堆放，保证紧急情况下人员能迅速撤离。

（4）电梯：确保电梯符合教育部门及学校特定的安全标准和规范，建立完善的安全管理制度，如定期检验、维修保养及应急预案；乘梯时，师生应有序进出，避免拥挤推搡和超载，不在电梯内蹦跳打闹，遇到火灾、地震等紧急情况禁用电梯，使用楼梯逃生；设置明显的安全警告标识和防护栏，妥善保管电梯三角钥匙，正确使用紧急按钮；监控并维护电梯运行状态，对异常情况迅速响应。

（5）操场与运动设施：运动场地应铺设适宜的材料，如防滑、减震的地垫，确保运动安全；各类运动设施如篮球架、足球门、健身器材等定期检查维修，确保无松动、锈蚀等情况。

（6）照明系统：校园内所有区域应有充足的照明，特别是在夜间和阴暗角落，使用节能且亮度适中的灯具，减少视线不佳带来的安全隐患。

（7）紧急设施：设置足够的紧急出口、消防通道和逃生指示标识，确保在紧急情况下能迅速疏散人群；安装消防栓、灭火器等消防设备，并定期检查维护，确保其功能正常。

2. 人员密集场所管理

人员密集场所如食堂、图书馆、体育馆、礼堂等，因其人流大、活动频繁，是校园安全管理的重点区域。有效管理这些场所，需要从以下几个方面着手。

（1）容量管理：根据场所的实际面积和安全标准，合理设定最大容纳人数，防止超员。在入口处设置计数器或人工控制入场人数，确保不会超过安全承载量。

（2）疏散规划：每个人员密集场所应有明确的紧急疏散路线图和指示标识，定期进行疏散演练，确保师生熟悉疏散路径和集合点，能在紧急情况下迅速有序撤离。

（3）安全监控：安装足够的监控摄像头，覆盖所有关键区域，实时监控现场情况，预防和及时发现安全隐患。

（4）专人负责：在大型活动期间，应指派专门的安全管理人员负责现场秩序维护，包括入口安检、场内巡视、应急响应等，确保活动安全有序进行。

（5）安全教育与培训：对场所工作人员进行安全知识和应急处理能力的培训，使其能够在紧急情况下快速反应，引导人群疏散，使用消防设备等。

（6）设施维护：定期检查场所内的消防设施、通风系统、电气设备等，确保其处于良好工作状态，减少火灾、坍塌、电气事故等风险。

3. 校园踩踏事故与防范

校园踩踏事故是一种突发的公共安全事件，通常发生在人群密集且流动性大的场所，如教学楼楼梯、食堂、体育馆、校门出口等。这类事故不仅对学生的人身安全构成严重威胁，也给校园管理和社会稳定带来巨大挑战。

校园防踩踏

1）产生原因

（1）人群过度集中：在特定的高峰时段，如上下课转换期间，学生群体急于进出教学楼、食堂等，加之部分学校基础设施设计不合理，导致关键通道迅速拥堵。此外，大型活动结束后，人群集中疏散时，如果没有有效的疏导措施，极易形成人潮，增加踩踏风险。

（2）管理疏忽：除了时间安排不当外，还包括安全标识不明显、紧急出口被堵塞、缺乏有效的监控和预警系统等。校园管理层对安全风险评估不足，未能预见和及时干预潜在的危险情况，也是导致踩踏事故的一个重要原因。

（3）学生安全意识薄弱：部分学生缺乏基本的自我保护和应急知识，如在人群中推搡、奔跑或突然停下，这些行为都可能成为踩踏事故的导火索。此外，面对紧急情况时，缺乏冷静判断，不知如何自保或协助他人，进一步加剧了混乱。

（4）环境因素：恶劣天气条件下，如雨雪天导致地面湿滑，增加了行人摔倒的可能性，而照明不足或临时遮挡视线的装饰物，会降低可见度，影响学生对周围环境的判断，增加踩踏风险。

2）影响

（1）直接伤害：踩踏事故造成的直接伤害不仅限于物理伤害，如骨折、挤压伤等，严重的可导致内脏损伤、脑损伤甚至死亡。这些伤害不仅影响受害者长期的生活质量，还可能留下永久性的心理创伤。

（2）心理阴影：对于经历或目睹踩踏事件的学生、教师及家属，可能会产生强烈的恐惧、焦虑、抑郁等心理反应，形成创伤后应激障碍，影响其日常生活和学习能力，需要长期的心理干预和支持。

（3）社会影响：校园踩踏事故频繁报道，不仅损害学校形象，还会引发公众对教育系统安全管理水平的质疑，影响社会稳定和教育信心，可能导致家长对学校选择的担忧，进而影响教育资源的分配和利用。

3）预防措施

（1）加强安全教育：定期举办安全教育讲座和实操演练，内容涵盖紧急疏散、自我保护技巧、如何在拥挤中保持平衡等，提高学生的安全意识和应急反应能力。同时，鼓励学生参与安全志愿者活动，形成互帮互助的良好氛围。

（2）改善硬件设施：对校园内的关键区域进行改造，拓宽狭窄通道，增加扶手和防滑材料，确保所有紧急出口畅通无阻。同时，安装足够数量的监控摄像头和应急照明设备，以便实时监控和快速响应。

（3）合理安排人流：通过调整课程表、错峰就餐时间等方式，分散人流高峰，减轻特定区域的压力。利用智能系统预测人流密集区域和时间，提前做好人流引导和管控措施。

（4）应急预案：制订详尽的应急预案，包括明确的疏散路线图、紧急联系人名单、医疗救护点位置等，确保每位师生都能熟练掌握。定期进行模拟演练，检验预案的可行性和师生的应急响应速度。

（5）加强监管与巡查：组建专业的安全监管队伍，负责日常巡查和特殊时期的人流疏导。在重要时间节点，如开学、考试、节假日前后，增加人力，确保快速响应突发情况，及时排除隐患。

二、体育运动安全防范

1. 校园体育运动常见事故

大学校园体育运动中常见的事故类型多样,主要涉及以下几个方面。

(1)运动损伤:这是最常见的事故类型,包括肌肉拉伤、关节扭伤、骨折等,尤其是在高强度或对抗性运动如篮球、足球、田径活动中更为频发。错误的运动技巧、热身不足、过度训练或装备不当都是导致伤害的主要原因。

(2)环境因素引起的伤害:包括地面湿滑、运动设施老化破损导致的摔伤、运动器材故障等。比如,跑道积水、篮球场地面不平、健身器材螺丝松动等都可能成为安全隐患。

(3)过度劳累与中暑:在高温天气下进行户外体育活动,如长跑、足球比赛,学生容易因体能透支或未能及时补充水分而发生中暑,严重时可能危及生命安全。

(4)心脑血管意外:虽然较为罕见,但在剧烈运动中,尤其是有心脏疾病史的学生,可能会突发心肌梗塞、脑卒中等急性心血管事件。

(5)人际冲突与暴力:体育竞技中,竞争激烈可能导致情绪失控,引发肢体冲突,不仅造成身体伤害,还可能影响校园和谐。

(6)溺水事故:在进行游泳训练或水上体育活动时,缺乏有效监管、游泳技能不足或突发抽筋等情况,都可能导致溺水事故。

(7)设施使用不当:如在健身房使用器械时,因操作不当或无人指导导致的挤压伤、砸伤等。正确使用和维护体育设施对预防此类事故至关重要。

2. 校园体育运动事故的预防措施

(1)合理安排运动量与强度:体育教师应根据学生的年龄、体能状况及天气条件,科学规划运动课程和训练强度,避免过度训练,同时确保每次体育活动前有充分的热身,以提高肌肉、关节的灵活性和血液循环,减少受伤风险。

(2)加强技能训练与安全教育:定期教授正确的运动技巧和规则,加强学生对运动项目的理解,减少因技术动作不正确导致的伤害。同时,开展安全意识教育,让学生了解运动伤害的常见原因及预防方法,提升自我保护能力。

(3)强化易受伤部位的训练:针对不同运动项目的特点,加强对易受伤部位(如膝关节、踝关节、腰部)的肌肉力量和柔韧性训练,提高关节稳定性,减少扭伤和拉伤的风险。

(4)改善场地与器材安全:定期检查和维护体育设施,确保运动场地平整无杂物,器材无损、稳固,及时更换损坏的设备,避免因场地或器材问题引发事故。

（5）科学管理与监督：实施有效的安全管理措施，如设置紧急联络机制、配备必要的医疗急救设备，并确保有专业的急救人员在场。在高风险或对抗性较强的体育活动中，应有专人负责监督，及时纠正不安全行为。

（6）个人防护装备的使用：鼓励学生在适当场合使用防护装备，如头盔、护膝、护腕、护踝等，特别是在自行车、轮滑、篮球、足球等运动中，以减少碰撞和摔倒时的伤害。

（7）心理健康与休息：重视学生的心理状态，避免在过度疲劳、情绪波动大时参加剧烈运动。保证学生有足够的休息时间，以维持良好的身心状态，减少因注意力不集中或反应迟缓导致的事故。

（8）普及急救知识：定期组织急救知识与技能培训，确保师生能正确处理常见的运动伤害，如止血、包扎、心肺复苏等，以便在第一时间采取有效措施，减轻伤害程度。

3. 校园体育运动事故的处理方法

当大学校园内发生体育运动事故时，应迅速有效地按照以下步骤处理，以确保受伤者得到及时救助，同时减少事故影响。

（1）立即停止活动：一旦发生事故，应立即终止正在进行的体育活动，避免对受伤者造成进一步伤害，也防止其他参与者因混乱场面受伤。

（2）评估伤情：在确保自身安全的前提下，接近伤者并快速评估其状况。观察是否有意识、呼吸是否顺畅、是否有明显的出血或骨骼变形等紧急情况，但切勿随意移动伤者，特别是如果怀疑有脊柱损伤或严重骨折时。

（3）紧急呼叫：根据伤情严重程度，立即通知校园安全保卫部门、校医务室或直接拨打医疗救护电话120。报告时应清晰说明事故地点、受伤人数、伤者状况及所需援助类型。

（4）初步救护：在等待专业医护人员到来之前，依据所受培训进行初步急救处理。如出血可用干净布料压迫止血，保持伤者体温，安慰伤者使其保持冷静，但避免给予任何可能加重伤势的救助措施，除非经过专业培训并确定这样做是安全的。

（5）记录与隔离现场：如有必要，封锁事故现场，防止无关人员靠近，以免破坏现场证据或对伤者造成干扰。同时，记录事故发生的过程和周围环境，包括目击者陈述，为后续调查和事故分析提供依据。

（6）通知相关人员：及时通知学院领导、辅导员、体育教师及家长（在必要时），让他们了解事故情况和伤者状态，以便提供必要的支持和协助。

（7）后续跟进：事故处理后，应对事故进行全面回顾，分析事故发生的原因，总结教训，改进安全管理措施，加强师生安全教育和应急演练，防止类似事故再次发生。同时，关注伤者的康复进展，提供必要的心理支持和辅导服务。

（8）法律与保险程序：根据事故性质，可能需要启动法律程序或保险理赔流程。学校应与法律顾问合作，确保遵循相应的法律法规，妥善处理相关事宜。

三、大学生宿舍安全防范

1. 消防安全

防火是宿舍安全的首要任务，需重点防范。这包括禁止使用大功率电器和违禁电器，避免私拉电线和乱接电源；不在宿舍内使用明火，如点蜡烛、抽烟等；确保消防通道畅通无阻，知晓并能正确使用灭火器、消防栓等消防设施；定期检查电路，避免电器过载和短路引发火灾。

2. 财产安全

保护个人财物免遭盗窃是另一重要方面。建议学生将贵重物品如笔记本电脑、手机、钱包等妥善保管，不用时上锁存放；现金应及时存入银行，存折、银行卡密码设置复杂并分开保管；宿舍外出时务必锁好门窗，不给小偷可乘之机；不随意透露个人信息和财务状况，警惕诈骗。

3. 人身安全

防止陌生人随意进入宿舍，不在宿舍内接待不明身份的访客，不轻易相信他人，以防诈骗或侵犯事件发生；建立良好的室友关系，相互照应，对异常行为及时沟通和报告。

4. 电器使用安全

正确使用各类电器，遵守学校关于电器使用的规章制度，不使用已损坏或未经安全认证的电器；避免湿手触碰电器，不使用湿布擦拭带电设备，预防触电事故。

5. 应急准备

制订紧急疏散计划，熟悉宿舍区的紧急出口和集合点位置；了解基本的急救知识，宿舍内可适当准备急救箱；在紧急情况下能迅速、有序地撤离，并知道如何求助。

6. 环境卫生与个人健康

保持宿舍卫生，定期清扫，防止细菌和病毒滋生；合理膳食，保持良好的生活习惯，避免食物中毒和传染病的发生。

7. 网络安全

在宿舍使用网络时，注意保护个人隐私，不随意点击不明链接，不泄露个人信息，防范网络诈骗和恶意软件。

【任务评价】

评价内容	评价指标	分值	自评（30%）	互评（30%）	师评（40%）	总评
风险识别的全面性与准确性	评估报告是否全面覆盖校园内外环境，识别的风险点是否准确到位	30				
改进策略的科学性与可行性	提出的改进措施是否基于充分的数据分析，是否具有科学性和实施的可行性	30				
实施计划的详细性与可操作性	计划是否详细，责任是否明确，资源配置是否合理，时间表是否切实可行	20				
资源配置与成本效益	评估改进措施的经济成本与预期安全效益的比值，确保资源的高效利用	10				
安全意识提升	安全意识和应急反应能力的提升程度	10				

工作任务 11.2
策划并实施一场禁毒或禁酒主题宣传活动

【任务描述】

设计一套关于禁毒或禁酒的完整活动策划文案，制作创意宣传材料（可体现为宣传海报、短视频、宣传册、互动小游戏等）并开展宣传工作，以增强大学生的毒品与酒精滥用防范意识，保持健康生活方式。

任务要求：在规定时间内，通过集中学习相关法律法规，明确毒品与酒精滥用的严重性，策划并执行一次校园宣传活动，记录过程与成效，最终提交策划文案、创意宣传材料与活动效果评估，任务完成之后进行讨论总结。

【任务实施】

策划并实施一场禁毒或禁酒主题宣传活动		
姓名：_____ 班级：_____ 学号：_____		
实施步骤	步骤说明	过程记录
1. 理论知识学习	（1）快速学习毒品与酒精相关法律法规要点，确保宣传内容合法、准确； （2）分析研讨相关案例	
2. 角色分配	明确小组角色：包括策划、设计、宣传、后勤等	
3. 设计策划方案	（1）制订简易方案：如以"健康人生，拒绝诱惑"为主题； （2）构思吸引眼球的宣传语，确定使用手绘海报、视频作为主要宣传材料	
4. 材料准备	快速绘制宣传海报，或用手机录制简短有力的禁毒、禁酒视频	
5. 现场布置与宣传	利用宣传单或自媒体、微信群等，快速推广宣传材料	
6. 总结反馈	（1）收集受众对活动的反馈意见； （2）基于反馈意见讨论分析，提出优化建议并执行	

【知识储备】

一、"毒品"的概念

吸毒的"成本"有多高

毒品相关违法犯罪活动，涵盖了走私、贩卖、运输、制造毒品的行为，非法种植用于制毒的原植物活动，以及吸食、注射毒品等严重违反法律法规的行为。根据《中华人民共和国刑法》第三百五十七条的明确规定，毒品的法定范畴不仅包括历史久远且危害巨大的鸦片、海洛因、甲基苯丙胺（俗称冰毒）、吗啡、大麻、可卡因等，还囊括了由国家法律严格管制的其他类型麻醉药品及能够导致人体产生依赖性的精神药品。这一定义体现了我国法律对毒品的全面管控与严厉惩治态度。

为了进一步细化管理，我国《麻醉药品及精神药品品种目录》详细列举了 121 种麻醉药品与 130 种精神药品，这些药品因具有高度成瘾性和潜在滥用风险而被严格监管。值得注意的是，这一目录并非静态不变，而是会根据医药科技发展及社会实际情况适时调整，确保管控措施的有效性与针对性。

毒品依据其来源、化学成分及社会影响等因素，被划分为三大类别：传统毒品、合成毒品以及新精神活性物质（也被称作新型毒品）。在这些分类中，传统毒品如大麻类、鸦片类（包括海洛因）和可卡因类因其长期存在的历史与广泛的社会认知度，成为最为人所熟知的几类。每类毒品因其独特的化学结构与作用机理，对人体神经系统和社会秩序均构成了不同程度的威胁与破坏。

二、大学生吸毒的危害

1. 毒品导致深度生理依赖性

当毒品被摄入并渗透进人体内部，它们随即与复杂的神经系统相互作用，诱发吸毒者内心产生一种无法抗拒的、对于继续使用毒品的强烈渴望。这种渴求超越了理智范畴，促使个体不顾健康、社会关系乃至法律后果，持续追求毒品的摄入。

值得注意的是，即便经历了专业的脱毒治疗程序，且急性期的戒断症状得到了初步控制，彻底康复并恢复至吸毒前的生理状态往往是一个漫长且充满挑战的过程，可能耗时数月至数年之久。此阶段，复原的不仅仅是身体，更重要的是重建神经系统功能的平衡，这对个体意志力及医疗支持均提出了极高要求。

更为严峻的问题在于，毒品依赖性的顽固特性，不仅深刻影响着神经化学平衡，也是导致众多吸毒者反复陷入滥用循环的核心因素。这种依赖的持久性和难治性，构成了当代医药科学领域亟待攻克的重大课题，它要求我们从生理学、心理学及社会学等多维度出发，综合研究并寻找更为有效的干预策略与治疗方法。

2. 毒品危害人体的机理

毒品对人体机理的破坏机制，根植于其对大脑及机体内部精细调控系统的干扰与破坏。正常生理状态下，人体大脑及若干重要器官内自然存在着一类被称为内源性阿片肽的生物活性物质，这些物质与遍布全身的阿片受体精密互动，共同参与调节人类的情感表达、心理状态及一系列复杂行为模式，维护着机体的心理、生理平衡。

然而，毒品的摄入打破了这一和谐的自然秩序。外来毒品分子以其高度的亲和力占据并激活阿片受体，导致内源性阿片肽的正常合成与释放过程受到严重抑制。随着毒品使用的持续，人体逐渐适应了这种由外源性刺激主导的新平衡状态，内源性系统的作用则被边缘化。遗憾的是，这种基于毒品的人工平衡是脆弱且具有欺骗性的。

当毒品使用突然中断，原有的人工平衡迅速瓦解，机体因缺乏足够的内源性阿片肽来维持正常功能而陷入混乱，表现为一系列生理及心理的剧烈不适，即所谓的戒断反应。具体症状包括但不限于情绪波动（如极度不安与焦虑）、温度感知异常（忽冷忽热）、皮肤反应（起鸡皮疙瘩）、自主神经系统过度活跃（流泪、流涕、出汗）以及消化系统功能紊乱（恶心、呕吐、腹痛、腹泻）等。这些痛苦体验构成了戒断过程中难以忽视的挑战，成为驱动许多吸毒者不惜一切代价继续寻求毒品以逃避痛苦的重要原因，从而陷入了恶性循环之中。

3. 助长传染病

吸毒不仅直接侵蚀个体的身心健康，还潜在加剧了公共卫生领域的挑战，尤其是传染病的蔓延，成为不容忽视的社会现象。特别值得注意的是，它与乙型肝炎、丙型肝炎及多种性传播疾病的扩散紧密相关，而其中最为严峻的后果，则是对艾滋病感染与传播链的推波助澜。

静脉注射毒品的行为模式，作为高风险吸毒方式之一，扮演了桥梁的角色，极大提高了艾滋病病毒的传播效率。共享未经消毒的注射器，这一做法在吸毒群体中颇为常见，不幸成为艾滋病病毒快速扩散的温床。据统计，此类行为下的艾滋病感染风险较普通人群显著升高，凸显了吸毒方式与公共卫生危机间的直接联系。

4. 影响寿命

吸毒作为一项严重影响人类生命质量与延续的社会现象，其对个体寿命的缩减效应已为众多科学研究与实证资料所证实。相关医学和社会学研究表明，长期沉浸于毒品使用中的人群，其平均预期寿命显著低于非吸毒人群，这一发现凸显了吸毒与早逝之间密不可分的联系。大量数据揭示，多数吸毒者的生命轨迹往往被无情地缩短，不少案例显示，这些个体的生命结束年龄往往不超出40岁，此现象在国际范围内的研究中均得到反复验证。

深入探究其背后的原因，不难发现，吸毒引发的生理机能紊乱与器官衰竭是导致寿命缩减的直接元凶。例如，心脏、肝脏及脑部的持续受损，以及免疫系统功能的大幅下降，使得吸毒者易受到各类致命性疾病和并发症的侵袭。此外，因毒品滥用伴随的高风险行为，如不安全的性行为和共用注射器，进一步加剧了艾滋病、肝炎等传染病的感染风险，这些都是削减吸毒者寿命的重要因素。

三、大学生远离毒品的做法

（1）培养理性认知，拒绝盲从好奇：面对未知的药品、食品、饮料乃至看似寻常的香烟，保持高度警觉，切勿因一时好奇而轻易尝试。未知往往潜藏风险，维护自身安全，需从拒绝盲目探索开始。

（2）树立坚定信念，杜绝侥幸心理：深刻认识到"一试即深陷"的严峻现实，毒品之害，一旦触及，戒除之路异常艰难。强化自我控制力，坚决不给任何"尝试无妨"的念头留有空间。

（3）提升辨别能力，谨慎对待信息：无论是来自朋友看似诚恳的推荐，还是市场中光鲜亮丽的广告宣传，都应持谨慎态度，学会独立判断，不轻信未经核实的信息，避免成为虚假信息的受害者。

（4）采取明智行动，避免无谓争论：面对毒品诱惑，明智之举在于直接而坚定地表明立场，拒绝参与任何关于毒品利弊的辩论。清晰、果断的态度能有效降低被诱导的风险，同时保护个人安全。

（5）强化情绪管理，远离冲动决策：情感冲动与所谓的"义气"往往是毒品侵害的缺口。学会冷静分析，不被激将法所操控，不让瞬间的决定背负一生的遗憾。

（6）珍惜自我价值，警惕免费陷阱：明白天下没有免费的午餐，不贪图小便宜，警惕那些看似无害的"馈赠"，它们可能是引诱自己步入深渊的糖衣炮弹。

毒品短暂的刺激背后，隐藏着漫长而痛苦的阴影，影响着一个人的身心健康乃至整个家庭和社会。作为高等学府的学子，我们有责任深入学习毒品预防知识，全面了解其性质与危害，内化"健康生活，远离毒品"的核心理念。通过积极参与校园内外的禁毒教育活动，共同营造一个识毒、防毒、拒毒、无毒的和谐环境，为建设安全、健康的校园文化贡献自己的力量。这样的教育不仅关乎个人的成长与未来，更是对社会负责的体现。

四、酗酒的概念

酗酒，也称为酒精滥用或酒精依赖，是指一种长期、过度、不受控制的饮酒行为，对个人健康、社会功能和心理状态造成负面影响。酗酒可以分为以下两种程度。

酗酒危害

（1）酒精滥用：指不按照社会接受的方式或建议的饮用量饮酒，导致健康问题、人际关系紧张、工作或学习表现下降等后果，但尚未达到身体依赖的程度。

（2）酒精依赖（酒精成瘾）：这是一种更严重的状况，表现为生理上对酒精的依赖，即身体适应了酒精的存在，当停止饮酒或减少饮酒量时，会出现戒断症状，如手抖、出汗、焦虑、失眠、恶心等。同时，酒精依赖还伴随着强烈渴求饮酒、失去对饮酒行为的控制、即使知道饮酒带来的负面后果仍继续饮酒等特点。

酗酒不仅影响个人身体健康，增加肝脏疾病、心脏疾病、神经系统损伤等风险，还可能导致社会问题，如家庭破裂、工作丧失、交通事故以及参与暴力事件等。治疗酗酒通常需要综合方法，包括医学干预、心理咨询、社会支持和康复计划等。

五、大学生酗酒的危害

（1）身体伤害：酗酒会严重损害消化系统，包括引起胃炎、胃溃疡等，影响食物的正常消化和营养吸收。长期酗酒还会导致血压异常，增加心脏和肺部的工作负荷，对肝脏和胰脏等重要器官造成慢性损害，增加患肝病和糖尿病的风险。

（2）心理健康问题：酗酒可能导致情绪波动和不稳定，引发暴躁和攻击性行为。长期的酒精依赖还可能导致抑郁和焦虑等心理问题，影响个人的心理健康和社会适应能力。

（3）影响学业：酗酒会占用大量的学习和休息时间，降低学习效率和注意力集中度，导致学业成绩下降，影响学术发展和职业前景。

（4）社交问题：酒后失控不仅可能破坏同学间的和谐关系，还可能引起校园内外的冲突和暴力事件，影响校园安全和社会秩序。

（5）经济负担：酗酒需要持续的经济支出，对于经济尚未独立的大学生来说，这可能导致财务压力，甚至可能为了满足酒精需求而采取不正当手段。

（6）酒精成瘾：长期酗酒可能导致对酒精的生理和心理依赖，难以自控，影响个人的日常生活、人际关系和职业发展。

（7）增加健康风险：年轻人群饮酒将面临更高的健康风险，尤其是15～39岁的男性，可能增加患多种慢性疾病和早逝的风险。

（8）影响生育：酒精对生殖系统有损害，可能导致性功能障碍、生育能力下降，对想要孩子的夫妇来说是一个重大问题。

（9）增加意外风险：饮酒后反应速度减慢，判断力下降，容易发生生产事故、交通事故等，给自己和他人带来严重后果。

（10）影响大脑发育：青少年时期是大脑发育的关键时期，酗酒可能对大脑结构和功能造成长期损害，影响认知能力、学习能力和记忆力。

六、大学生远离酒精的做法

大学生远离酒精的措施可以从个人、家庭、学校和社会多个层面进行考虑，具体措施概括如下。

（1）个人自我管理：大学生应提高自我控制能力，树立正确的价值观和健康的生活方式。可以通过设定个人目标、参与体育活动、培养兴趣爱好等方式，转移对酒精的依赖和兴趣。

（2）健康教育课程：学校应开设健康教育课程，普及酒精的危害知识，教育学生认识到酗酒对身体健康、学业和未来职业发展的影响，增强学生远离酒精的意识。

（3）家庭引导与支持：家庭是学生成长的重要环境，家长应以身作则，不鼓励饮酒行为，同时与孩子进行有效沟通，了解他们的生活和心理状态，提供必要的指导和支持。

（4）校园文化建设：学校应积极营造健康、积极的校园文化氛围，举办各种文化、体育和社交活动，让学生在参与中培养团队精神和社交技能，减少对酒精的依赖。

（5）心理辅导服务：学校应提供专业的心理辅导服务，帮助学生处理压力、焦虑和其他心理问题，减少他们借助酒精来逃避现实的可能性。

（6）同伴教育与支持：鼓励学生之间形成正面的同伴影响，通过同伴教育和支持，帮助有酗酒倾向的学生认识到问题并寻求帮助。

（7）法律法规宣传：加强对学生法律法规的教育，让他们了解饮酒和酒后行为可能导致的法律后果，增强遵纪守法的意识。

（8）校园内外监管：学校应与校园周边社区合作，加强对校园内外饮酒行为的监管，限制学生接触酒精的机会。

（9）健康生活方式推广：通过各种渠道和活动，推广健康的生活方式，如合理饮食、适量运动、充足睡眠等，帮助学生建立健康的生活习惯。

（10）紧急干预机制：学校应建立紧急干预机制，一旦发现学生有酗酒行为或酒精中毒现象，能够及时采取措施，提供必要的医疗援助和心理支持。

【任务评价】

评价内容	评价指标	分值	自评（30%）	互评（30%）	师评（40%）	总评
策划方案	策划方案对整个活动的指导性，是否具有创新性	25				
宣传材料的信息质量	宣传材料内容的丰富度，所传递信息是否准确无误	25				
宣传方式的创意与吸引力	宣传方式的新颖度及对观众的吸引力	10				
参与度	活动吸引的即时参与人数及互动活跃度	20				
团队协作	小组成员间的配合效率与任务完成质量	20				

工作任务 11.3
建立班级安全行为规范与奖惩机制

【任务描述】

制定一套班级安全公约,包括行为准则、奖励与惩罚机制,运行记录表,以提升班级安全管理,培养良好行为习惯,记录实施成效。

任务要求:在规定时间内,学习班级管理、安全教育心理学知识,设计班级安全规范,建立奖惩机制,实施并记录,最后进行自我与团队评估。

【任务实施】

建立班级安全行为规范与奖惩机制		
姓名:_____ 班级:_____ 学号:_____		
实施步骤	步骤说明	过程记录
1. 知识学习与讨论	(1)学习班级安全行为规范的意义、制定依据及内容; (2)组内讨论关键知识点,如责任分配、正面激励、行为塑造等,并记录要点	
实施步骤	步骤说明	过程记录
2. 初步方案设计	(1)基于学习内容,共同商讨制定班级安全行为准则,如不私自离校、遵守电器使用规则等; (2)设计正向激励措施(如表现优异者可获得班级荣誉之星),及适度的纪律处分流程(如违规后的警告与辅导)	
3. 完善公约与记录表	(1)细化公约各准则,确保清晰易懂,易于执行; (2)创建表格记录公约日常执行情况,包括日期、行为描述、执行人、奖励/惩罚情况等	
4. 实施模拟与调整	(1)角色扮演:选取几个典型场景进行模拟演练,如发现安全隐患及时报告、正确处理突发事件; (2)反馈调整:根据模拟情况,小组间互相提出改进建议,微调公约和记录表设计	

续表

实施步骤	步骤说明	过程记录
5.自我与团队评估	总结汇报：每组选代表，向全班展示公约草案、奖惩机制及运行记录表，接受全班提问与建议	

【知识储备】

一、班级安全行为规范的意义

1. 预防事故

班级安全行为规范通过详尽地列出具体的安全操作指南，比如走路不奔跑、上下楼梯靠右行、正确存放个人物品等，确保学生在日常活动中遵循安全流程，从而预先排除可能引发伤害的各种隐患，有效控制事故发生率，为学生营造一个安心的学习生活环境。

2. 增强安全意识

通过定期的安全教育课程、演练和日常提醒，不断深化学生对安全重要性的认识。它教导学生主动识别周围环境中的潜在风险，如电线裸露、火源管理不当等，并鼓励他们采取积极措施避免危险，形成一种自觉的安全防范习惯。

3. 培养自我保护能力

安全规范不仅告知学生"不要做什么"，更重要的是教会他们"遇到危险时该怎么做"。这包括教授基础急救知识、火灾逃生技巧、防溺水措施等，让学生在紧急状况下能够迅速做出正确反应，保护自己和他人免受伤害。

4. 维持班级良好秩序

明确的行为规范为学生设定了清晰的行为界限，减少了课堂上的随意性行为，如随意走动、大声喧哗等，有助于维持良好的课堂纪律和学习氛围。这种有序的环境更有利于教师传授知识，学生专注学习，提升教育质量。

5. 提升责任感和集体意识

安全规范要求学生认识到个人行为对集体安全的影响，促使他们在行动前考虑他人，形成"我为人人，人人为我"的集体责任感。这种意识的培养有助于构建和谐的班级文化，增强团队协作精神。

6. 家校合作

学校制定的安全规范需要家长的理解和支持才能有效实施。通过家长会、安全手册等方式，家校共同参与孩子的安全教育，形成教育合力，确保学生无论在校内外都能遵循安全准则，体现了家校共育的重要性。

7. 法律与道德教育

安全行为规范融合了法律常识和道德准则，教育学生遵守法律法规，尊重他人权利，如不侵犯隐私、不欺凌同学等，这对于塑造学生的法制观念和高尚品德至关重要，为他们成为守法公民打下坚实的基础。

8. 心理素质培养

遵循安全规范的过程中，学生在面对紧急情况时进行的模拟演练、角色扮演等活动，不仅增强了他们的实际操作能力，还锻炼了心理承受力，如冷静分析、果断决策等，这对提升学生的综合心理素质，尤其是逆境适应能力和解决问题的能力有着不可忽视的作用。

二、班级安全行为规范的制定依据

1. 国家法律法规文件

（1）《中华人民共和国国家安全法》

（2）《中华人民共和国道路交通安全法》

（3）《中华人民共和国刑法》

（4）《中华人民共和国精神卫生法》

（5）《中华人民共和国网络安全法》

（6）《中华人民共和国消费者权益保护法》

（7）《中华人民共和国食品安全法》

（8）《中华人民共和国传染病防治法》

（9）《中华人民共和国安全生产法》

（10）《中华人民共和国消防法》

（11）《气象灾害防御条例》

（12）《地质灾害防治条例》

（13）《中华人民共和国劳动法》

（14）《中华人民共和国劳动合同法》

（15）《中华人民共和国教育法》

（16）《中华人民共和国职业教育法》

（17）《普通高等学校学生管理规定》

（18）《中华人民共和国禁毒法》

2. 学校管理办法

（1）学生手册：大多数高校会编制学生手册，详细阐述学生行为规范、学术诚信、生活管理、奖惩制度等，是直接指导学生行为的具体依据。

（2）实训室安全管理制度：针对实训操作安全，包括化学药品管理、仪器使用规程、紧急事故处理等。

（3）宿舍管理规定：涉及宿舍安全、卫生、作息制度等，确保学生住宿安全。

（4）网络安全与信息管理规定：规范学生网络使用行为，保护个人信息安全，防止网络欺凌。

（5）心理健康教育与咨询制度：提供心理健康教育资源，规定心理咨询服务流程，促进学生心理健康发展。

（6）国际学生管理规定：针对国际学生的学习、生活、文化交流等制定特殊管理措施，确保其适应和融入。

三、班级安全行为规范的内容

1. 日常行为安全

细致规定学生在校园内的日常行为规范，如行走时不奔跑嬉戏，尤其是在楼梯和湿滑地面保持慢行，以防止跌倒或碰撞事故。要求学生妥善存放个人物品，避免书包、文具等成为安全隐患，同时培养互相礼让的习惯，确保走廊通道畅通无阻，营造一个有序且安全的日常学习环境。

2. 消防安全教育

涵盖火灾预防知识与应急疏散技能，确保每位学生熟悉校园内消防设施的位置及使用方法，教育学生不玩火、不随意丢弃未熄灭的烟蒂，强调在发现火情时立即报告并采取初期灭火措施，同时熟练掌握火灾发生时的逃生路线和集合点，定期组织消防演习，加强实战经验。

3. 用电与电子设备安全

强调安全用电原则，教育学生识别和避免电气安全隐患，比如不私拉电线、不触摸裸露电线，正确使用各类电器设备，使用完毕后务必切断电源，特别是对于充电设备，需注意监控，避免过夜充电引发火灾。同时，引导学生合理使用电子设备，保护视力，防止沉迷网络，远离不良信息。

4. 饮食与个人卫生

着重于食品安全教育和个人卫生习惯的培养，教导学生选择健康、卫生的食品，不吃过期或来源不明的食物，饭前便后勤洗手，咳嗽或打喷嚏时使用纸巾遮挡，维护个人与公共卫生，预防传染病的传播。

5. 体育活动安全准则

在体育活动前进行充分热身，穿着适合的运动装备，了解各项运动的安全规则，避免高风险动作，学习运动伤害的预防和简单处理方法，如扭伤后的 RICE（休息、冰敷、压迫、抬高）原则，确保体育锻炼既健康又安全。

6. 网络信息安全与素养

教育学生在享受数字资源的同时，要保护个人信息安全，不随意泄露个人资料，识别并远离网络欺诈和不良信息，培养良好的网络道德，做到文明上网，不参与网络欺凌，学会合理安排上网时间，维护自身心理健康。

7. 心理健康与互助机制

鼓励学生关注自我心理健康，遇到心理困扰时勇于寻求帮助，学校提供心理咨询和辅导服务，同时培养同学间相互支持、理解和尊重的氛围，通过团队活动和同伴教育，提升学生的社会交往能力和情绪管理能力。

8. 紧急情况应对训练

包括但不限于火灾、地震、突发疾病等紧急情况的应对策略，教育学生保持冷静，根据事先学习的应急程序行动，如地震来临时的"趴下、掩护、握固"原则，突发疾病时的初步急救知识，以及如何快速有效地求助，通过模拟演练增强学生在真实情境下的应变能力。

【任务评价】

评价内容	评价指标	分值	自评（30%）	互评（30%）	师评（40%）	总评
知识掌握度	对班级管理和安全教育心理学知识的理解与应用能力	20				
公约实用性	班级安全公约是否全面、实际，能否有效指导日常行为	20				
创新性与参与度	小组在设计公约、奖惩机制时的创新思维及全员参与程度	20				
实施记录的完整性与准确性	检查运行记录表设计的科学性，是否便于长期跟踪和分析班级安全管理成效	20				
团队协作	观察和评估小组内的沟通协调、任务分配与执行效率	20				

参 考 文 献

[1] 王晔，翁琛闵，张婷婷．大学生安全教育 [M]．北京：电子工业出版社，2023．

[2] 张国旺，叶明君，章宗阳．大学生安全教育 [M]．大连：大连海事大学出版社，2020．

[3] 贺明华，李岚，杨爱民．大学生安全教育 [M]．北京：中国轻工业出版社，2023．

[4] 邵从清．安全教育教程（视频指导版）[M]．北京：人民邮电出版社，2022．

[5] 覃攀，李毅，高其胜．大学生安全教育 [M]．西安：西安电子科技大学出版社，2021．

[6] 李英霞，李玉侠．新时代大学生安全教育教程 [M]．北京：中国人民大学出版社，2021．

[7] 邵超，张黎萌．大学生安全教育 [M]．镇江：江苏大学出版社，2018．

[8] 刘荣．大学生安全与预防教育 [M]．西安：西安电子科技大学出版社，2018．

[9] 杨航征．大学生安全教育 [M]．西安：陕西师范大学出版总社，2018．

[10] 邹礼均．大学生安全教育与管理 [M]．重庆：重庆大学出版社，2018．

[11] 周松涛．大学生安全教育 [M]．北京：现代教育出版社，2019．

[12] 李岚．大学生安全教育 [M]．汕头：汕头大学出版社，2019．

附 录

附录 1

中华人民共和国国家安全法

（2015 年 7 月 1 日第十二届全国人民代表大会常务委员会第十五次会议通过）

附录 2

《中华人民共和国网络安全法》与网络信息安全有关的法律条款

（2016 年 11 月 7 日第十二届全国人民代表大会常务委员会第二十四次会议通过，自 2017 年 6 月 1 日起施行）

附录 3

普通高等学校学生管理规定

（中华人民共和国教育部第 41 号令，自 2017 年 9 月 1 日起施行）

第一章 总则

第一条 为规范普通高等学校学生管理行为，维护普通高等学校正常的教育教学秩序和生活秩序，保障学生合法权益，培养德、智、体、美等方面全面发展的社会主义建设者和接班人，依据教育法、高等教育法以及有关法律、法规，制定本规定。

第二条　本规定适用于普通高等学校、承担研究生教育任务的科学研究机构（以下称学校）对接受普通高等学历教育的研究生和本科、专科（高职）学生（以下称学生）的管理。

第三条　学校要坚持社会主义办学方向，坚持马克思主义的指导地位，全面贯彻国家教育方针；要坚持以立德树人为根本，以理想信念教育为核心，培育和践行社会主义核心价值观，弘扬中华优秀传统文化和革命文化、社会主义先进文化，培养学生的社会责任感、创新精神和实践能力；要坚持依法治校，科学管理，健全和完善管理制度，规范管理行为，将管理与育人相结合，不断提高管理和服务水平。

第四条　学生应当拥护中国共产党领导，努力学习马克思列宁主义、毛泽东思想、中国特色社会主义理论体系，深入学习习近平总书记系列重要讲话精神和治国理政新理念新思想新战略，坚定中国特色社会主义道路自信、理论自信、制度自信、文化自信，树立中国特色社会主义共同理想；应当树立爱国主义思想，具有团结统一、爱好和平、勤劳勇敢、自强不息的精神；应当增强法治观念，遵守宪法、法律、法规，遵守公民道德规范，遵守学校管理制度，具有良好的道德品质和行为习惯；应当刻苦学习，勇于探索，积极实践，努力掌握现代科学文化知识和专业技能；应当积极锻炼身体，增进身心健康，提高个人修养，培养审美情趣。

第五条　实施学生管理，应当尊重和保护学生的合法权利，教育和引导学生承担应尽的义务与责任，鼓励和支持学生实行自我管理、自我服务、自我教育、自我监督。

第二章　学生的权利与义务

第六条　学生在校期间依法享有下列权利：

（一）参加学校教育教学计划安排的各项活动，使用学校提供的教育教学资源；

（二）参加社会实践、志愿服务、勤工助学、文娱体育及科技文化创新等活动，获得就业创业指导和服务；

（三）申请奖学金、助学金及助学贷款；

（四）在思想品德、学业成绩等方面获得科学、公正评价，完成学校规定学业后获得相应的学历证书、学位证书；

（五）在校内组织、参加学生团体，以适当方式参与学校管理，对学校与学生权益相关事务享有知情权、参与权、表达权和监督权；

（六）对学校给予的处理或者处分有异议，向学校、教育行政部门提出申诉，对学校、教职员工侵犯其人身权、财产权等合法权益的行为，提出申诉或者依法提起诉讼；

（七）法律、法规及学校章程规定的其他权利。

第七条 学生在校期间依法履行下列义务：

（一）遵守宪法和法律、法规；

（二）遵守学校章程和规章制度；

（三）恪守学术道德，完成规定学业；

（四）按规定缴纳学费及有关费用，履行获得贷学金及助学金的相应义务；

（五）遵守学生行为规范，尊敬师长，养成良好的思想品德和行为习惯；

（六）法律、法规及学校章程规定的其他义务。

第三章 学籍管理

第一节 入学与注册

第八条 按国家招生规定录取的新生，持录取通知书，按学校有关要求和规定的期限到校办理入学手续。因故不能按期入学的，应当向学校请假。未请假或者请假逾期的，除因不可抗力等正当事由以外，视为放弃入学资格。

第九条 学校应当在报到时对新生入学资格进行初步审查，审查合格的办理入学手续，予以注册学籍；审查发现新生的录取通知、考生信息等证明材料，与本人实际情况不符，或者有其他违反国家招生考试规定情形的，取消入学资格。

第十条 新生可以申请保留入学资格。保留入学资格期间不具有学籍。保留入学资格的条件、期限等由学校规定。

新生保留入学资格期满前应向学校申请入学，经学校审查合格后，办理入学手续。审查不合格的，取消入学资格；逾期不办理入学手续且未有因不可抗力延迟等正当理由的，视为放弃入学资格。

第十一条 学生入学后，学校应当在3个月内按照国家招生规定进行复查。复查内容主要包括以下方面：

（一）录取手续及程序等是否合乎国家招生规定；

（二）所获得的录取资格是否真实、合乎相关规定；

（三）本人及身份证明与录取通知、考生档案等是否一致；

（四）身心健康状况是否符合报考专业或者专业类别体检要求，能否保证在校正常学习、生活；

（五）艺术、体育等特殊类型录取学生的专业水平是否符合录取要求。

复查中发现学生存在弄虚作假、徇私舞弊等情形的，确定为复查不合格，应当取消学籍；情节严重的，学校应当移交有关部门调查处理。

复查中发现学生身心状况不适宜在校学习，经学校指定的二级甲等以上医院诊断，需要在家休养的，可以按照第十条的规定保留入学资格。

复查的程序和办法，由学校规定。

第十二条　每学期开学时，学生应当按学校规定办理注册手续。不能如期注册的，应当履行暂缓注册手续。未按学校规定缴纳学费或者有其他不符合注册条件的，不予注册。

家庭经济困难的学生可以申请助学贷款或者其他形式资助，办理有关手续后注册。

学校应当按照国家有关规定为家庭经济困难学生提供教育救助，完善学生资助体系，保证学生不因家庭经济困难而放弃学业。

第二节　考核与成绩记载

第十三条　学生应当参加学校教育教学计划规定的课程和各种教育教学环节（以下统称课程）的考核，考核成绩记入成绩册，并归入学籍档案。

考核分为考试和考查两种。考核和成绩评定方式，以及考核不合格的课程是否重修或者补考，由学校规定。

第十四条　学生思想品德的考核、鉴定，以本规定第四条为主要依据，采取个人小结、师生民主评议等形式进行。

学生体育成绩评定要突出过程管理，可以根据考勤、课内教学、课外锻炼活动和体质健康等情况综合评定。

第十五条　学生每学期或者每学年所修课程或者应修学分数以及升级、跳级、留级、降级等要求，由学校规定。

第十六条　学生根据学校有关规定，可以申请辅修校内其他专业或者选修其他专业课程；可以申请跨校辅修专业或者修读课程，参加学校认可的开放式网络课程学习。学生修读的课程成绩（学分），学校审核同意后，予以承认。

第十七条　学生参加创新创业、社会实践等活动以及发表论文、获得专利授权等与专业学习、学业要求相关的经历、成果，可以折算为学分，计入学业成绩。具体办法由学校规定。

学校应当鼓励、支持和指导学生参加社会实践、创新创业活动，可以建立创新创业档案、设置创新创业学分。

第十八条　学校应当健全学生学业成绩和学籍档案管理制度，真实、完整地记载、出具学生学业成绩，对通过补考、重修获得的成绩，应当予以标注。

学生严重违反考核纪律或者作弊的，该课程考核成绩记为无效，并应视其违纪或者作弊情节，给予相应的纪律处分。给予警告、严重警告、记过及留校察看处分的，经教育表现较好，可以对该课程给予补考或者重修机会。

学生因退学等情况中止学业，其在校学习期间所修课程及已获得学分，应当予以记录。学生重新参加入学考试、符合录取条件，再次入学的，其已获得学分，经录取学校认定，可以予以承认。具体办法由学校规定。

第十九条　学生应当按时参加教育教学计划规定的活动。不能按时参加的，应当事先请假并获得批准。无故缺席的，根据学校有关规定给予批评教育，情节严重的，给予相应的纪律处分。

第二十条　学校应当开展学生诚信教育，以适当方式记录学生学业、学术、品行等方面的诚信信息，建立对失信行为的约束和惩戒机制；对有严重失信行为的，可以规定给予相应的纪律处分，对违背学术诚信的，可以对其获得学位及学术称号、荣誉等作出限制。

第三节　转专业与转学

第二十一条　学生在学习期间对其他专业有兴趣和专长的，可以申请转专业；以特殊招生形式录取的学生，国家有相关规定或者录取前与学校有明确约定的，不得转专业。

学校应当制定学生转专业的具体办法，建立公平、公正的标准和程序，健全公示制度。学校根据社会对人才需求情况的发展变化，需要适当调整专业的，应当允许在读学生转到其他相关专业就读。

休学创业或退役后复学的学生，因自身情况需要转专业的，学校应当优先考虑。

第二十二条　学生一般应当在被录取学校完成学业。因患病或者有特殊困难、特别需要，无法继续在本校学习或者不适应本校学习要求的，可以申请转学。有下列情形之一，不得转学：

（一）入学未满一学期或者毕业前一年的；

（二）高考成绩低于拟转入学校相关专业同一生源地相应年份录取成绩的；

（三）由低学历层次转为高学历层次的；

（四）以定向就业招生录取的；

（五）研究生拟转入学校、专业的录取控制标准高于其所在学校、专业的；

（六）无正当转学理由的。

学生因学校培养条件改变等非本人原因需要转学的，学校应当出具证明，由所在地省级教育行政部门协调转学到同层次学校。

第二十三条　学生转学由学生本人提出申请，说明理由，经所在学校和拟转入学校同意，由转入学校负责审核转学条件及相关证明，认为符合本校培养要求且学校有培养能力的，经学校校长办公会或者专题会议研究决定，可以转入。研究生转学还应当经拟转入专业导师同意。

跨省转学的，由转出地省级教育行政部门商转入地省级教育行政部门，按转学条件确认后办理转学手续。须转户口的由转入地省级教育行政部门将有关文件抄送转入学校所在地的公安机关。

第二十四条　学校应当按照国家有关规定，建立健全学生转学的具体办法；对转学情况应当及时进行公示，并在转学完成后3个月内，由转入学校报所在地省级教育行政部门备案。

省级教育行政部门应当加强对区域内学校转学行为的监督和管理，及时纠正违规转学行为。

第四节　休学与复学

第二十五条　学生可以分阶段完成学业，除另有规定外，应当在学校规定的最长学习年限（含休学和保留学籍）内完成学业。

学生申请休学或者学校认为应当休学的，经学校批准，可以休学。休学次数和期限由学校规定。

第二十六条　学校可以根据情况建立并实行灵活的学习制度。对休学创业的学生，可以单独规定最长学习年限，并简化休学批准程序。

第二十七条　新生和在校学生应征参加中国人民解放军（含中国人民武装警察部队），学校应当保留其入学资格或者学籍至退役后2年。

学生参加学校组织的跨校联合培养项目，在联合培养学校学习期间，学校同时为其保留学籍。

学生保留学籍期间，与其实际所在的部队、学校等组织建立管理关系。

第二十八条　休学学生应当办理手续离校。学生休学期间，学校应为其保留学籍，但不享受在校学习学生待遇。因病休学学生的医疗费按国家及当地的有关规定处理。

第二十九条　学生休学期满前应当在学校规定的期限内提出复学申请，经学校复查合格，方可复学。

第五节　退学

第三十条　学生有下列情形之一，学校可予退学处理：

（一）学业成绩未达到学校要求或者在学校规定的学习年限内未完成学业的；

（二）休学、保留学籍期满，在学校规定期限内未提出复学申请或者申请复学经复查不合格的；

（三）根据学校指定医院诊断，患有疾病或者意外伤残不能继续在校学习的；

（四）未经批准连续两周未参加学校规定的教学活动的；

（五）超过学校规定期限未注册而又未履行暂缓注册手续的；

（六）学校规定的不能完成学业、应予退学的其他情形。

学生本人申请退学的，经学校审核同意后，办理退学手续。

第三十一条　退学学生，应当按学校规定期限办理退学手续离校。退学的研究生，按已有毕业学历和就业政策可以就业的，由学校报所在地省级毕业生就业部门办理相关手续；在学校规定期限内没有聘用单位的，应当办理退学手续离校。

退学学生的档案由学校退回其家庭所在地，户口应当按照国家相关规定迁回原户籍地或者家庭户籍所在地。

第六节　毕业与结业

第三十二条　学生在学校规定学习年限内，修完教育教学计划规定内容，成绩合格，达到学校毕业要求的，学校应当准予毕业，并在学生离校前发给毕业证书。

符合学位授予条件的，学位授予单位应当颁发学位证书。

学生提前完成教育教学计划规定内容，获得毕业所要求的学分，可以申请提前毕业。学生提前毕业的条件，由学校规定。

第三十三条　学生在学校规定学习年限内，修完教育教学计划规定内容，但未达到学校毕业要求的，学校可以准予结业，发给结业证书。

结业后是否可以补考、重修或者补作毕业设计、论文、答辩，以及是否颁发毕业证书、学位证书，由学校规定。合格后颁发的毕业证书、学位证书，毕业时间、获得学位时间按发证日期填写。

对退学学生，学校应当发给肄业证书或者写实性学习证明。

第七节　学业证书管理

第三十四条　学校应当严格按照招生时确定的办学类型和学习形式，以及学生招生录取时填报的个人信息，填写、颁发学历证书、学位证书及其他学业证书。

学生在校期间变更姓名、出生日期等证书需填写的个人信息的，应当有合理、充分的理由，并提供有法定效力的相应证明文件。学校进行审查，需要学生生源地省级教育行政部门及有关部门协助核查的，有关部门应当予以配合。

第三十五条　学校应当执行高等教育学籍学历电子注册管理制度，完善学籍学历信息管理办法，按相关规定及时完成学生学籍学历电子注册。

第三十六条　对完成本专业学业同时辅修其他专业并达到该专业辅修要求的学生，由学校发给辅修专业证书。

第三十七条　对违反国家招生规定取得入学资格或者学籍的，学校应当取消其学籍，不得发给学历证书、学位证书；已发的学历证书、学位证书，学校应当依法予以撤销。对以作弊、剽窃、抄袭等学术不端行为或者其他不正当手段获得学历证书、学位证书的，学校应当依法予以撤销。

被撤销的学历证书、学位证书已注册的，学校应当予以注销并报教育行政部门宣布无效。

第三十八条　学历证书和学位证书遗失或者损坏，经本人申请，学校核实后应当出具相应的证明书。证明书与原证书具有同等效力。

第四章　校园秩序与课外活动

第三十九条　学校、学生应当共同维护校园正常秩序，保障学校环境安全、稳定，保障学生的正常学习和生活。

第四十条　学校应当建立和完善学生参与管理的组织形式，支持和保障学生依法、依章程参与学校管理。

第四十一条　学生应当自觉遵守公民道德规范，自觉遵守学校管理制度，创造和维护文明、整洁、优美、安全的学习和生活环境，树立安全风险防范和自我保护意识，保障自身合法权益。

第四十二条　学生不得有酗酒、打架斗殴、赌博、吸毒，传播、复制、贩卖非法书刊和音像制品等违法行为；不得参与非法传销和进行邪教、封建迷信活动；不得从事或者参与有损大学生形象、有悖社会公序良俗的活动。

学校发现学生在校内有违法行为或者严重精神疾病可能对他人造成伤害的，可以依法采取或者协助有关部门采取必要措施。

第四十三条　学校应当坚持教育与宗教相分离原则。任何组织和个人不得在学校进行宗教活动。

第四十四条　学校应当建立健全学生代表大会制度，为学生会、研究生会等开展活动提供必要条件，支持其在学生管理中发挥作用。

学生可以在校内成立、参加学生团体。学生成立团体，应当按学校有关规定提出书面申请，报学校批准并施行登记和年检制度。

学生团体应当在宪法、法律、法规和学校管理制度范围内活动，接受学校的领导和管理。学生团体邀请校外组织、人员到校举办讲座等活动，需经学校批准。

第四十五条　学校提倡并支持学生及学生团体开展有益于身心健康、成长成才的学术、科技、艺术、文娱、体育等活动。

学生进行课外活动不得影响学校正常的教育教学秩序和生活秩序。

学生参加勤工助学活动应当遵守法律、法规以及学校、用工单位的管理制度，履行勤工助学活动的有关协议。

第四十六条　学生举行大型集会、游行、示威等活动，应当按法律程序和有关规定获得批准。对未获批准的，学校应当依法劝阻或者制止。

第四十七条　学生应当遵守国家和学校关于网络使用的有关规定，不得登录非法网站和传播非法文字、音频、视频资料等，不得编造或者传播虚假、有害信息；不得攻击、侵入他人计算机和移动通讯网络系统。

第四十八条　学校应当建立健全学生住宿管理制度。学生应当遵守学校关于学生住宿管理的规定。鼓励和支持学生通过制定公约，实施自我管理。

第五章　奖励与处分

第四十九条　学校、省（区、市）和国家有关部门应当对在德、智、体、美等方面全面发展或者在思想品德、学业成绩、科技创造、体育竞赛、文艺活动、志愿服务及社会实践等方面表现突出的学生，给予表彰和奖励。

第五十条　对学生的表彰和奖励可以采取授予"三好学生"称号或者其他荣誉称号、颁发奖学金等多种形式，给予相应的精神鼓励或者物质奖励。

学校对学生予以表彰和奖励，以及确定推荐免试研究生、国家奖学金、公派出国留学人选等赋予学生利益的行为，应当建立公开、公平、公正的程序和规定，建立和完善相应的选拔、公示等制度。

第五十一条　对有违反法律法规、本规定以及学校纪律行为的学生，学校应当给予批评教育，并可视情节轻重，给予如下纪律处分：

（一）警告；

（二）严重警告；

（三）记过；

（四）留校察看；

（五）开除学籍。

第五十二条　学生有下列情形之一，学校可以给予开除学籍处分：

（一）违反宪法，反对四项基本原则、破坏安定团结、扰乱社会秩序的；

（二）触犯国家法律，构成刑事犯罪的；

（三）受到治安管理处罚，情节严重、性质恶劣的；

（四）代替他人或者让他人代替自己参加考试、组织作弊、使用通讯设备或其他器材作弊、向他人出售考试试题或答案牟取利益，以及其他严重作弊或扰乱考试秩序行为的；

（五）学位论文、公开发表的研究成果存在抄袭、篡改、伪造等学术不端行为，情节严重的，或者代写论文、买卖论文的；

（六）违反本规定和学校规定，严重影响学校教育教学秩序、生活秩序以及公共场所管理秩序的；

（七）侵害其他个人、组织合法权益，造成严重后果的；

（八）屡次违反学校规定受到纪律处分，经教育不改的。

第五十三条　学校对学生作出处分，应当出具处分决定书。处分决定书应当包括下列内容：

（一）学生的基本信息；

（二）作出处分的事实和证据；

（三）处分的种类、依据、期限；

（四）申诉的途径和期限；

（五）其他必要内容。

第五十四条　学校给予学生处分，应当坚持教育与惩戒相结合，与学生违法、违纪行为的性质和过错的严重程度相适应。学校对学生的处分，应当做到证据充分、依据明确、定性准确、程序正当、处分适当。

第五十五条　在对学生作出处分或者其他不利决定之前，学校应当告知学生作出决定的事实、理由及依据，并告知学生享有陈述和申辩的权利，听取学生的陈述和申辩。

处理、处分决定以及处分告知书等，应当直接送达学生本人，学生拒绝签收的，可以以留置方式送达；已离校的，可以采取邮寄方式送达；难于联系的，可以利用学校网站、新闻媒体等以公告方式送达。

第五十六条　对学生作出取消入学资格、取消学籍、退学、开除学籍或者其他涉及学生重大利益的处理或者处分决定的，应当提交校长办公会或者校长授权的专门会议研究决定，并应当事先进行合法性审查。

第五十七条　除开除学籍处分以外，给予学生处分一般应当设置6到12个月期限，到期按学校规定程序予以解除。解除处分后，学生获得表彰、奖励及其他权益，不再受原处分的影响。

第五十八条　对学生的奖励、处理、处分及解除处分材料，学校应当真实完整地归入学校文书档案和本人档案。

被开除学籍的学生，由学校发给学习证明。学生按学校规定期限离校，档案由学校退回其家庭所在地，户口应当按照国家相关规定迁回原户籍地或者家庭户籍所在地。

第六章　学生申诉

第五十九条　学校应当成立学生申诉处理委员会，负责受理学生对处理或者处分决定不服提起的申诉。

学生申诉处理委员会应当由学校相关负责人、职能部门负责人、教师代表、学生代表、负责法律事务的相关机构负责人等组成，可以聘请校外法律、教育等方面专家参加。

学校应当制定学生申诉的具体办法，健全学生申诉处理委员会的组成与工作规则，提供必要条件，保证其能够客观、公正地履行职责。

第六十条　学生对学校的处理或者处分决定有异议的，可以在接到学校处理或者处分决定书之日起10日内，向学校学生申诉处理委员会提出书面申诉。

第六十一条　学生申诉处理委员会对学生提出的申诉进行复查，并在接到书面申诉之日起15日内作出复查结论并告知申诉人。情况复杂不能在规定限期内作出结论的，经学校负责人批准，可延长 15 日。学生申诉处理委员会认为必要的，可以建议学校暂缓执行有关决定。

学生申诉处理委员会经复查，认为做出处理或者处分的事实、依据、程序等存在不当，可以作出建议撤销或变更的复查意见，要求相关职能部门予以研究，重新提交校长办公会或者专门会议作出决定。

第六十二条　学生对复查决定有异议的，在接到学校复查决定书之日起 15 日内，可以向学校所在地省级教育行政部门提出书面申诉。

省级教育行政部门应当在接到学生书面申诉之日起 30 个工作日内，对申诉人的问题给予处理并作出决定。

第六十三条　省级教育行政部门在处理因对学校处理或者处分决定不服提起的学生申诉时，应当听取学生和学校的意见，并可根据需要进行必要的调查。根据审查结论，区别不同情况，分别作出下列处理：

（一）事实清楚、依据明确、定性准确、程序正当、处分适当的，予以维持；

（二）认定事实不存在，或者学校超越职权、违反上位法规定作出决定的，责令学校予以撤销；

（三）认定事实清楚，但认定情节有误、定性不准确，或者适用依据有错误的，责令学校变更或者重新作出决定；

（四）认定事实不清、证据不足，或者违反本规定以及学校规定的程序和权限的，责令学校重新作出决定。

第六十四条　自处理、处分或者复查决定书送达之日起，学生在申诉期内未提出申诉的视为放弃申诉，学校或者省级教育行政部门不再受理其提出的申诉。

处理、处分或者复查决定书未告知学生申诉期限的，申诉期限自学生知道或者应当知道处理或者处分决定之日起计算，但最长不得超过 6 个月。

第六十五条　学生认为学校及其工作人员违反本规定，侵害其合法权益的；或者学校制定的规章制度与法律法规和本规定抵触的，可以向学校所在地省级教育行政部门投诉。

教育主管部门在实施监督或者处理申诉、投诉过程中，发现学校及其工作人员有违反法律、法规及本规定的行为或者未按照本规定履行相应义务的，或者学校自行制定的相关管理制度、规定，侵害学生合法权益的，应当责令改正；发现存在违法违纪的，应当及时进行调查处理或者移送有关部门，依据有关法律和相关规定，追究有关责任人的责任。

第七章　附则

第六十六条　学校对接受高等学历继续教育的学生、港澳台侨学生、留学生的管理，参照本规定执行。

第六十七条　学校应当根据本规定制定或修改学校的学生管理规定或者纪律处分规定，报主管教育行政部门备案（中央部委属校同时抄报所在地省级教育行政部门），并及时向学生公布。

省级教育行政部门根据本规定，指导、检查和监督本地区高等学校的学生管理工作。

第六十八条　本规定自 2017 年 9 月 1 日起施行。原《普通高等学校学生管理规定》（教育部令第 21 号）同时废止。其他有关文件规定与本规定不一致的，以本规定为准。

附录 4

高等学校消防安全管理规定

（中华人民共和国公安部令第 28 号，2010 年 1 月 1 日起施行）

附录 5

中华人民共和国道路交通安全法实施条例

（2004 年 4 月 28 日国务院第 49 次常务会议通过，2004 年 4 月 30 日公布，自 2004 年 5 月 1 日起施行）